Exc
Der ultimative
Leitfaden

TAYLOR GRANT

Einführung

Willkommen in der Welt von Microsoft Excel! In diesem Buch finden Sie alles, was Sie brauchen, um sicher mit Excel zu arbeiten und fortgeschrittene Funktionen zu beherrschen, mit denen Sie Daten effizient verwalten können. Ob Sie Anfänger oder erfahrener Benutzer sind, Sie finden nützliche Tipps, schrittweise Anleitungen und Antworten auf häufig gestellte Fragen.

Dieses Buch führt Sie Schritt für Schritt durch alles, was Excel zu bieten hat, von grundlegenden Operationen bis hin zu fortgeschrittenen Analysetools. Sie lernen, wie Sie Tabellen erstellen und formatieren, leistungsstarke Funktionen und Formeln verwenden, Daten mit Diagrammen und Grafiken visualisieren und tiefgreifende Datenanalysen durchführen.

Unabhängig davon, in welchem Bereich Sie tätig sind, ob in der Wirtschaft, im Bildungswesen, in der Forschung oder für den privaten Gebrauch, bietet Excel Werkzeuge, die die Arbeit mit Daten einfacher und effizienter machen. Dieses Buch wird Ihr zuverlässiger Begleiter bei der Beherrschung aller Möglichkeiten von Excel sein und Ihnen helfen, Ihre Produktivität zu steigern und bessere Ergebnisse zu erzielen.

Beginnen wir nun unsere Reise in die erstaunliche Welt von Excel und entdecken wir, wie dieses leistungsstarke Werkzeug Sie bei Ihrer Arbeit, in Ihrem Studium und im täglichen Leben unterstützen kann.

Inhalt

EINFÜHRUNG 3

ERSTE SCHRITTE MIT EXCEL 10

KAPITEL 1: GRUNDLAGEN VON MICROSOFT EXCEL................................ 11
1.1. WAS IST MICROSOFT EXCEL? 11
1.2. WARUM MICROSOFT EXCEL LERNEN? 11
1.3. ÖFFNEN UND SCHLIEßEN VON EXCEL 12
1.4. SPEICHERN UND ÖFFNEN VON DOKUMENTEN 13
1.5. EXCEL-SCHNITTSTELLE.. 15
1.6. EXCEL-TERMINOLOGIE 19
KAPITEL 2: EINGEBEN UND BEARBEITEN VON DATEN 20
2.1. ZELLEN VERSTEHEN.. 20
2.2. DATEN IN EINE ZELLE EINGEBEN 20
2.3. DATEN BEARBEITEN 21
2.4. KOPIEREN UND EINFÜGEN VON DATEN 21
2.5. VERWENDUNG DER ZWISCHENABLAGE................................ 21
2.6. EINFÜGEN SPEZIAL 22
KAPITEL 3: GRUNDLEGENDE OPERATIONEN AUF DEM ARBEITSBLATT 24
3.1. ERSTELLEN UND VERWALTEN VON ARBEITSBLÄTTERN 24
3.2. ZEILEN UND SPALTEN: HINZUFÜGEN, LÖSCHEN, VERSCHIEBEN 25
3.3. AUSBLENDEN UND EINBLENDEN VON ZEILEN UND SPALTEN 27
3.4. GRUPPIERUNG UND AUFHEBUNG DER GRUPPIERUNG VON DATEN.... 28
3.5. DRUCKEN VON ARBEITSBLÄTTERN UND DRUCKEINSTELLUNGEN 29

FORMATIERUNG VON DATEN UND ARBEITSBLÄTTERN...................... 31

KAPITEL 4: ZELLEN FORMATIEREN 32
4.1. ÄNDERN VON SCHRIFTART UND TEXTGRÖßE 32
4.2. ANPASSEN VON TEXT- UND ZELLENFÜLLFARBEN 32
4.3. AUSRICHTEN VON TEXT 33
4.4. HINZUFÜGEN VON ZELLRÄNDERN...................................... 34
4.5. FORMATIERUNG VON ZAHLEN UND DATEN 35

KAPITEL 5: ARBEITEN MIT RANGES UND TABELLEN 36

5.1. VERSTEHEN VON BEREICHEN 36

5.2. ERSTELLEN UND FORMATIEREN VON TABELLEN 37

5.3. VORTEILE DER VERWENDUNG VON TABELLEN 39

5.4. STRUKTURIERTE VERWEISE IN TABELLEN 40

ARBEITEN MIT FORMELN UND FUNKTIONEN 41

KAPITEL 6: EINFÜHRUNG IN FORMELN UND FUNKTIONEN 42

6.1. EINFÜHRUNG IN FORMELN UND FUNKTIONEN 42

6.2. GRUNDFORMELN (SUMME, MITTELWERT, MAX, MIN) 43

KAPITEL 7: ERWEITERTE FORMELN UND FUNKTIONEN 51

7.1. LOGISCHE FUNKTIONEN (UND, ODER) 51

7.2. MATHEMATISCHE FUNKTIONEN (SUMMEWENN, ZUFALLSBEREICH) 54

7.3. STATISTISCHE FUNKTIONEN (ZÄHLENWENN, MODALWERT, VARIANZ) 55

7.4. TEXTFUNKTIONEN (MTRANS, GLÄTTEN, TEXTVERKETTEN) 58

7.5. FINANZIELLE FUNKTIONEN (BW, ZW, NBW, DIA) 60

KAPITEL 8: ARBEITEN MIT DATUM UND UHRZEIT 66

8.1. DATUMS- UND ZEITFORMATE 66

8.2. DATUMSFUNKTIONEN (HEUTE, JETZT, DATUM, JAHR, MONAT, TAG) 66

8.3. ZEITFUNKTIONEN (STUNDE, MINUTE, SEKUNDE) 67

VISUALISIERUNGEN ERSTELLEN 69

KAPITEL 9: ERSTELLEN VON DIAGRAMMEN 70

9.1. EINFÜHRUNG IN EXCEL-DIAGRAMME 70

9.2. ARTEN VON DIAGRAMMEN 70

9.3. ERSTELLEN UND ANPASSEN VON DIAGRAMMEN 71

9.4. UMSCHALTEN VON ZEILEN UND SPALTEN IN EINEM DIAGRAMM 73

9.5. GRÖSSENÄNDERUNG VON DIAGRAMMEN UND FORMATIERUNGSELEMENTEN 74

KAPITEL 10: BEDINGTE FORMATIERUNG VERWENDEN 75

10.1. EINFÜHRUNG IN DIE BEDINGTE FORMATIERUNG 75

10.2. ERSTELLEN VON BEDINGTEN FORMATIERUNGSREGELN 76

10.3. BEISPIELE FÜR DIE VERWENDUNG DER BEDINGTEN FORMATIERUNG 76

VERWALTEN UND ANALYSIEREN VON DATEN 81

KAPITEL 11: SORTIEREN UND FILTERN VON DATEN 82

11.1. Sortieren von Daten auf einem Arbeitsblatt 82
11.2. Daten filtern 82
11.3. Verwendung von erweiterten Filtern 84
11.4. Sortieren und Filtern mit bedingter Formatierung 85
Kapitel 12: Datenüberprüfung **87**
12.1. Einführung in die Datenvalidierung 87
12.3. Datenvalidierungslisten (Drop-Down-Menüs) 89
12.4. Kopieren und Löschen von Datenvalidierungsregeln 90

SCHUTZ VON DATEN **91**

Kapitel 13: Datenschutz **92**
13.1. Arbeitsblatt und Arbeitsmappe schützen 92
13.2. Einschränkung des Zugangs zu Daten 93

ERWEITERTE FUNKTIONEN UND TOOLS **95**

Kapitel 14: Makros und VBA verwenden **96**
14.1. Einführung in Makros und VBA 96
14.2. Makros aufzeichnen und ausführen 96
14.3. Grundlagen der VBA-Programmierung 98
Kapitel 15: Einführung in Power Query **104**
15.1. Was ist Power Query? 104
15.2. Daten mit Power Query importieren 104
15.3. Transformieren und Bereinigen von Daten 105
15.4. Beispiele für die Verwendung von Power Query 107
Kapitel 16: Einführung in Power Pivot **111**
16.1. Was ist Power Pivot? 111
16.2. Daten in Power Pivot importieren 112
16.3. Erstellen von Beziehungen und Arbeiten mit Datenmodellen 114
16.4. Beispiele für die Verwendung von Power Pivot für die Datenanalyse
.... 117

ARBEITEN MIT BIG DATA UND BUSINESS INTELLIGENCE **122**

Kapitel 17: Datenanalysetools in Excel **123**
17.1. Verwendung des Solver-Tools 123
17.2. Verwendung der WENN-Analyse 127

17.3. Erstellen von Prognosen und Trends.............................128

17.4. Beispiele für die Verwendung von Datenanalysetools...................129

Kapitel 18: Datenvisualisierung mit Power BI 131

18.1. Einführung in Power BI...131

18.2. Daten aus Excel in Power BI importieren 131

18.3. Berichte und Dashboards erstellen 133

18.4. Beispiele für die Verwendung von Power BI zur Datenvisualisierung 134

Kapitel 19: Zusammenarbeit in Excel................................ 137

19.1. Co-Authoring Dateien 137

19.2. Kommentare und Notizen verwenden..............................138

19.3. Verfolgen von Änderungen und Überprüfen.......................139

Kapitel 20: Integration von Excel mit anderen Anwendungen 140

20.1. Importieren/Exportieren von Daten mit Excel...................140

20.2. Verwendung von Excel mit Microsoft Teams und SharePoint........140

20.3. Automatisieren von Aufgaben mit Microsoft Power Automate......141

Kapitel 21: Datenschutz und Sicherheit in Excel 142

21.1. Datensicherung mit Microsoft 365 Tools 142

20.2. Bewährte Praktiken für die Datensicherheit in Excel 143

EXCEL-GLOSSAR **146**

3D.. **147**

A... **147**

B... **148**

C... **148**

D... **150**

E... **152**

F... **153**

G... **154**

H... **154**

I... **155**

J... **156**

L... **156**

M... **156**

N... **157**

O... **158**

P... **159**

Q... **161**

R 161

S 162

T 164

U 164

V 165

W 165

X 166

TASTATURKURZBEFEHLE IN EXCEL FÜR WINDOWS 167

HÄUFIG VERWENDETE ABKÜRZUNGEN 168

ZUGRIFFSTASTEN FÜR REGISTERKARTEN DER MULTIFUNKTIONSLEISTE VERWENDEN 169

ARBEITEN IM RIBBON MIT DER TASTATUR 170

TASTATURKÜRZEL FÜR DIE NAVIGATION IN ZELLEN 172

TASTATURKÜRZEL FÜR DIE FORMATIERUNG VON ZELLEN 174

TASTATURKURZBEFEHLE IM DIALOGFELD "EINFÜGEN SPEZIAL" IN EXCEL 177

TASTATURKÜRZEL FÜR DIE AUSWAHL UND AUSFÜHRUNG VON AKTIONEN 178

DATEN- UND FORMELLEISTENKURZBEFEHLE 180

TASTATURKÜRZEL ZUM AKTUALISIEREN EXTERNER DATEN 182

POWER PIVOT-TASTATURKÜRZEL 183

FUNKTIONSTASTEN 185

ANDERE NÜTZLICHE TASTENKOMBINATIONEN 188

TASTATURKÜRZEL IN EXCEL FÜR MACOS 194

HÄUFIG VERWENDETE ABKÜRZUNGEN 194

ARBEITEN IN FENSTERN UND DIALOGFELDERN 198

VERSCHIEBEN UND BLÄTTERN IN EINEM BLATT ODER EINER ARBEITSMAPPE 199

DATEN AUF EINEM BLATT EINGEBEN 200

ARBEITEN IN ZELLEN ODER IN DER FORMELLEISTE 202

DATEN FORMATIEREN UND BEARBEITEN 205

ZELLEN, SPALTEN ODER ZEILEN AUSWÄHLEN 208

ARBEITEN SIE MIT EINER AUSWAHL 210

DIAGRAMME VERWENDEN 212

SORTIEREN, FILTERN UND VERWENDEN VON PIVOTTABLE-BERICHTEN 213

ÜBERSICHTSDATEN 213

FUNKTIONSTASTENKOMBINATIONEN VERWENDEN 214

ZEICHNUNG 216
VIELEN DANK FÜR IHREN KAUF! 217

Teil I
Erste Schritte mit Excel

Kapitel 1: Grundlagen von Microsoft Excel

1.1. Was ist Microsoft Excel?

Microsoft Excel ist ein leistungsstarkes Tabellenkalkulationsprogramm, das von Microsoft entwickelt wurde. Es ermöglicht Benutzern, Tabellen zu erstellen und zu bearbeiten, Daten zu analysieren, Diagramme und Grafiken zu erstellen und Routineaufgaben mithilfe von Makros zu automatisieren. Excel wird in Wirtschaft, Wissenschaft, Bildung und anderen Bereichen häufig für die Datenverwaltung und Entscheidungsfindung eingesetzt.

1.2. Warum Microsoft Excel lernen?

Excel-Kenntnisse eröffnen Ihnen viele Möglichkeiten, Ihre Produktivität und Effizienz zu steigern. Hier sind ein paar Gründe, warum Sie Excel lernen sollten:

- **Vielseitigkeit:** Excel kann für eine Vielzahl von Aufgaben verwendet werden, von der Budgetierung bis zur Analyse großer Datenmengen.
- **Effizient:** Mit Excel können Sie Routineaufgaben automatisieren und so Zeit und Mühe sparen.
- **Datenanalyse:** Excel bietet leistungsstarke Tools für die Datenanalyse, mit denen Sie fundierte Entscheidungen treffen können.
- **Karrierechancen:** Excel-Kenntnisse sind in vielen Berufsfeldern von großem Wert.

Ausführliche Erläuterung und Empfehlungen:

Vielseitigkeit:

> Dank seiner Flexibilität ist Excel für verschiedene Aufgaben geeignet. Sie können es zum Beispiel für einfache To-Do-Listen oder komplexe Finanzmodelle verwenden.
>
> **Tipp:** Informieren Sie sich über die verschiedenen Vorlagen, die in Excel für unterschiedliche Anforderungen wie Budgets, Kalender und Rechnungen verfügbar sind. So sparen Sie Zeit und erhalten einen strukturierten Ausgangspunkt.

Effizienz:

> Die Automatisierung von Aufgaben mit Makros und Formeln kann den Zeitaufwand für sich wiederholende Aufgaben drastisch reduzieren.

Tipp: Beginnen Sie mit dem Erlernen grundlegender Automatisierungen wie Füllreihen und einfachen Makros, bevor Sie zu komplexeren Aufgaben übergehen.

Datenanalyse:

Die Datenanalysetools von Excel, wie PivotTables und Datenvisualisierungsoptionen, helfen dabei, datengesteuerte Entscheidungen zu treffen.

Tipp: Verwenden Sie die Registerkarte Analysieren, um schnelle Einblicke und Empfehlungen auf der Grundlage Ihrer Daten zu erhalten.

Karrieremöglichkeiten:

Excel-Kenntnisse werden häufig in Stellenbeschreibungen verschiedener Branchen verlangt.

Tipp: Heben Sie Ihre Excel-Kenntnisse in Ihrem Lebenslauf hervor und seien Sie darauf vorbereitet, Ihre Fähigkeiten in Vorstellungsgesprächen zu demonstrieren.

1.3. Öffnen und Schließen von Excel

Um mit Excel arbeiten zu können, müssen Sie das Programm zunächst öffnen. Abhängig von Ihrem Betriebssystem und Ihren Einstellungen kann dies auf verschiedene Weise geschehen:

- **Unter Windows:**

1. Suchen Sie das Excel-Symbol auf Ihrem Desktop oder im Startmenü und doppelklicken Sie darauf.
2. Verwenden Sie die Suchfunktion, indem Sie in der Suchleiste "Excel" eingeben (Abb. 1.1).

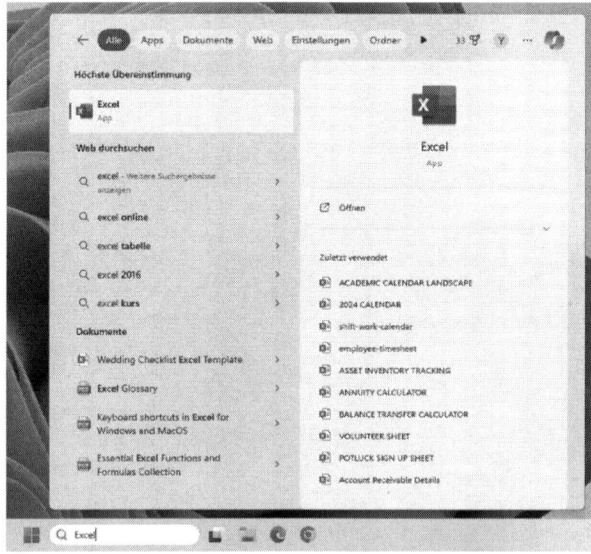

(Abb. 1.1)

- **Unter macOS:**

1. Öffnen Sie den Ordner "Programme" und suchen Sie dort nach Excel, dann doppelklicken Sie auf das Symbol.
2. Verwenden Sie die Spotlight-Suche, indem Sie "Excel" eingeben. (Abb. 1.2).

(Abb. 1.2).

- **Excel schließen:**

1. Klicken Sie auf die Schaltfläche "Schließen" in der oberen rechten Ecke des Fensters (Windows) oder in der oberen linken Ecke (macOS).
2. Verwenden Sie die Tastenkombinationen Alt+F4 (Windows) oder ⌘+Q (macOS). (Abb. 1.3).

(Abb. 1.3)

1.4. Speichern und Öffnen von Dokumenten

Das Speichern Ihrer Arbeit in Excel ist ein wichtiger Schritt, um Datenverluste zu vermeiden. Gehen Sie zum Speichern eines Dokuments folgendermaßen vor:

- **Speichern eines neuen Dokuments:**

1. Klicken Sie auf "Datei" > "Speichern unter", wählen Sie einen Speicherort, geben Sie einen Dateinamen ein und klicken Sie auf "Speichern". (Abb. 1.4).

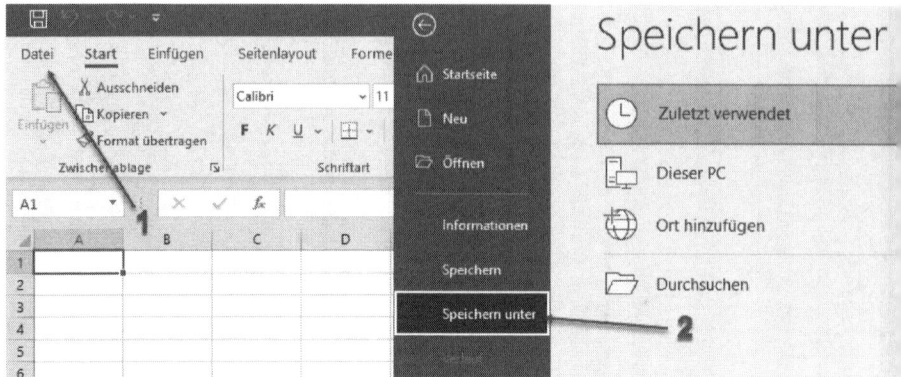

(Abb. 1.4)

Speichern von Änderungen:

Wenn das Dokument zuvor gespeichert wurde, klicken Sie auf "Datei" > "Speichern" oder verwenden Sie die Tastenkombinationen Strg+S (Windows) oder ⌘+S (macOS). (Abb. 1.5).

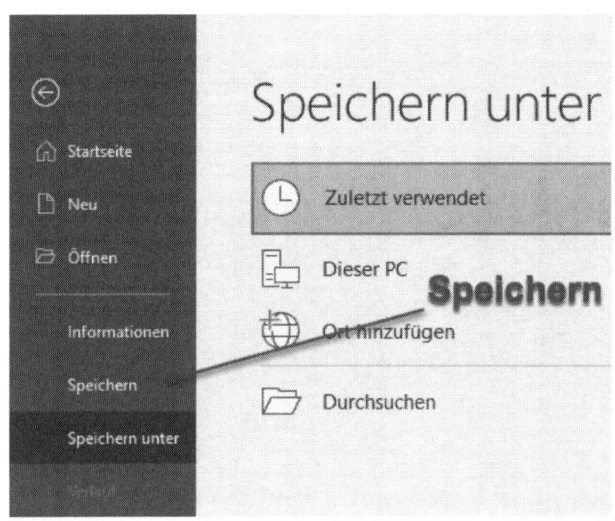

(Abb. 1.5)

Öffnen eines bestehenden Dokuments:

1.   Klicken Sie auf "Datei" > "Öffnen", wählen Sie die zu öffnende Datei aus und klicken Sie auf "Öffnen". (Abb. 1.6).

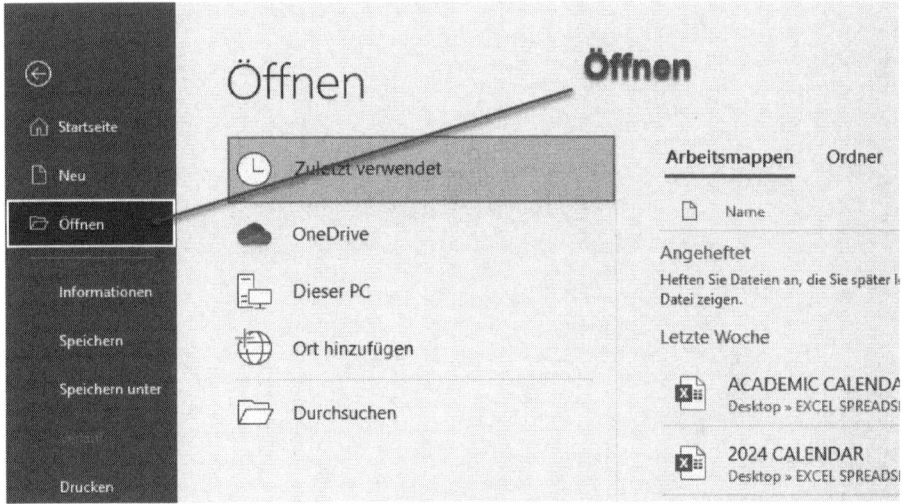

(Abb. 1.6)

1.5. Excel-Schnittstelle

Die Excel-Oberfläche ist so konzipiert, dass sie einen umfassenden und benutzerfreundlichen Arbeitsbereich für die Verwaltung und Analyse von Daten bietet. Hier sind die Hauptkomponenten: (Abb. 1.7).

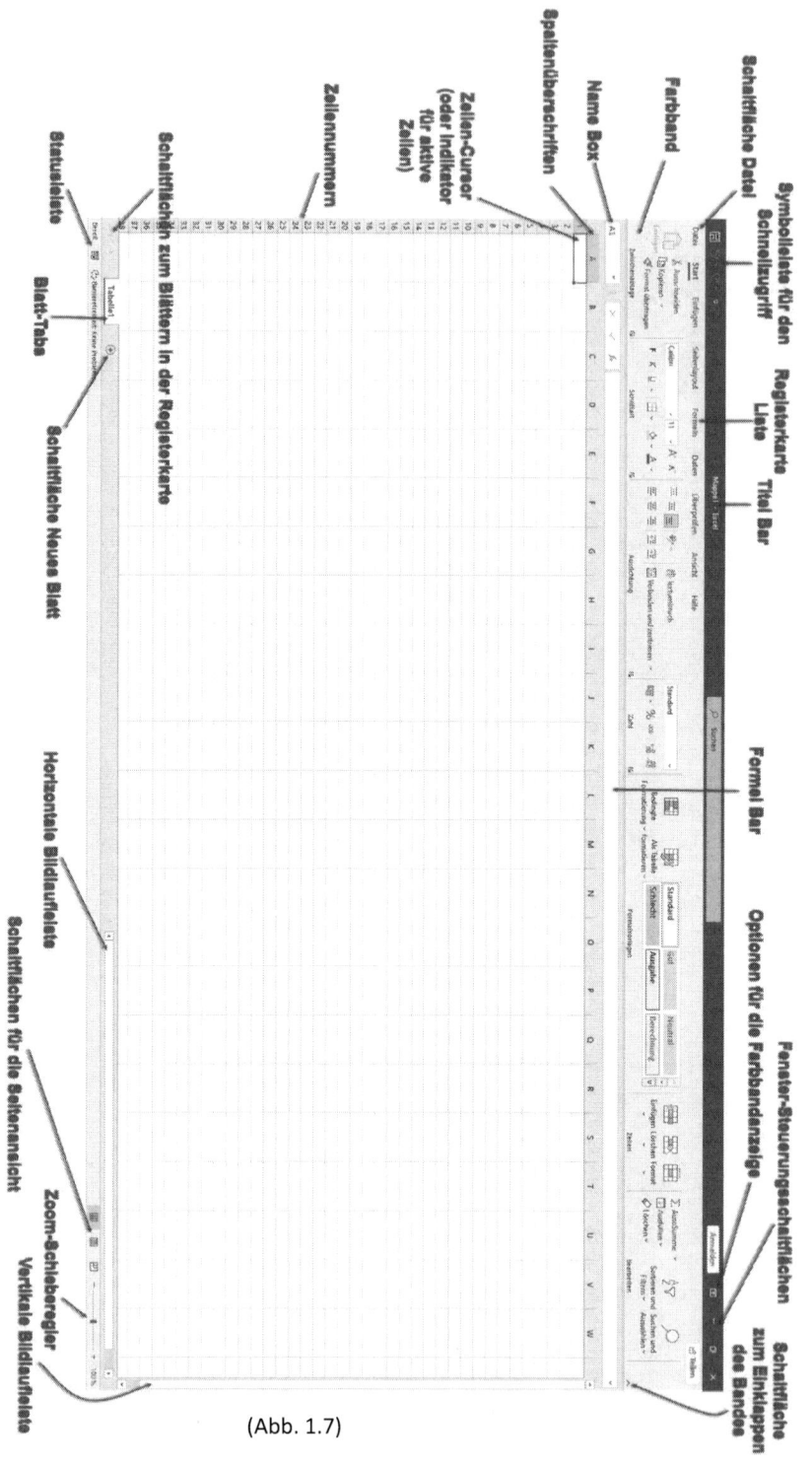

(Abb. 1.7)

16

Hauptelemente des Excel-Fensters

Element	Beschreibung
Vertikale Bildlaufleiste	Ermöglicht es Ihnen, das Blatt vertikal zu verschieben.
Zoom-Schieberegler	Mit dem Schieberegler Zoom können Sie die Zoomstufe des aktiven Arbeitsblatts ändern.
Horizontale Bildlaufleiste	Ermöglicht es Ihnen, das Arbeitsblatt horizontal zu verschieben.
Spaltenüberschriften	Jede der 16.384 Spalten im Arbeitsblatt hat eine Kopfzeile, die mit Buchstaben von A bis XFD gekennzeichnet ist. Klicken Sie auf die Spaltenüberschrift, um alle Zellen in der Spalte auszuwählen, oder ziehen Sie die Spaltenbegrenzung, um die Spaltenbreite zu ändern.
Schaltfläche Neues Blatt	Klicken Sie auf diese Schaltfläche, um der Arbeitsmappe ein neues Arbeitsblatt hinzuzufügen. Die neue Registerkarte erscheint nach der letzten vorhandenen Registerkarte in der Reihe der Blattregisterkarten.
Schaltfläche zum Einklappen des Bandes	Wenn Sie auf diese Schaltfläche klicken, wird die Multifunktionsleiste ausgeblendet und gibt den Arbeitsbereich frei. Ein Doppelklick auf eine beliebige Registerkarte (oder Drücken von <Strg+F1>) blendet die Multifunktionsleiste wieder ein.
Schaltfläche Datei	Ermöglicht den Zugriff auf die Microsoft Office-Backstage-Ansicht, die viele Optionen für die Arbeit mit Dokumenten (einschließlich Drucken) und für die Einstellung von Excel-Einstellungen enthält.
Schaltflächen zum Blättern in der Registerkarte	Ermöglicht das Blättern durch die Blattregisterkarten zur Ansicht und Auswahl. Sie können auch mit der rechten Maustaste auf diese Schaltflächen klicken, um eine vollständige Liste der Blätter in der Arbeitsmappe anzuzeigen.
Schaltflächen für die Seitenansicht	Wenn Sie auf eine dieser Schaltflächen klicken, ändert sich die Darstellung des Arbeitsblatts.
Fenster-Steuerungsschaltfläch en	Mit diesen drei Schaltflächen können Sie das aktuelle Fenster minimieren, maximieren/wiederherstellen oder schließen. Diese Standardschaltflächen sind in den meisten Windows-Anwendungen zu finden.
Farbband	Der Hauptbereich für Excel-Befehle. Wenn Sie auf eine beliebige Registerkarte klicken, wird diese in der Multifunktionsleiste aufgeklappt und die angezeigten Elemente werden geändert.
Zeilennummern	Jede Zeile im Arbeitsblatt hat eine Kopfzeile, die durch eine Zahl von 1 bis 1.048.576 dargestellt wird. Klicken Sie auf den Zeilenkopf, um alle Zellen in der Zeile auszuwählen, oder ziehen Sie die Begrenzung zwischen zwei Zeilennummern, um die Zeilenhöhe zu ändern.
Symbolleiste für den Schnellzugriff	Diese anpassbare Symbolleiste enthält häufig verwendete Befehle. Die Symbolleiste für den Schnellzugriff ist immer sichtbar, unabhängig von der ausgewählten Registerkarte.

Optionen für die Farbbandanzeige	Ein Dropdown-Steuerelement, mit dem Sie eine von drei Ribbon-Anzeigeoptionen auswählen können.
Name Box	Zeigt die Adresse der aktiven Zelle oder den Namen der ausgewählten Zelle, des Bereichs oder des Objekts an.
Registerkarte Liste	Ähnlich wie bei einer Menüleiste. Wenn Sie auf eine beliebige Registerkartenüberschrift klicken, werden die entsprechenden Excel-Befehle in der Multifunktionsleiste angezeigt.
Titel Bar	Zeigt den Programmnamen und den Namen der aktuellen Arbeitsmappe an. Es enthält außerdem die Symbolleiste für den Schnellzugriff (links) und eine Reihe von Schaltflächen (rechts), mit denen das Aussehen des Fensters geändert werden kann.
Statusleiste	In dieser Leiste werden verschiedene Meldungen und der Status von Tasten wie <Num Lock>, <Caps Lock> und <Scroll Lock> angezeigt. Sie zeigt auch allgemeine Informationen über den ausgewählten Bereich von Zellen an. Wenn Sie mit der rechten Maustaste auf die Statusleiste klicken, können Sie die Art der angezeigten Informationen für den Bereich auswählen.
Formel Bar	Wenn Sie Daten oder eine Formel in eine Zelle eingeben, werden diese in dieser Leiste angezeigt.
Zellen-Cursor (oder Indikator für aktive Zellen)	Dies ist ein dunkler Umriss, der die aktuell aktive Zelle (eine der 17.179.869.184 Zellen in jedem Arbeitsblatt) hervorhebt.
Blatt-Tabs	Jede dieser Registerkarten, die den Registerkarten eines Notizbuchs ähneln, steht für ein eigenes Blatt in der Arbeitsmappe. Eine Arbeitsmappe kann eine beliebige Anzahl von Arbeitsblättern enthalten; jedes Blatt hat einen Namen, der auf der Blattregisterkarte erscheint.

Tipp: Machen Sie sich mit diesen Schlüsselelementen der Excel-Oberfläche vertraut, um die Funktionen effektiv nutzen zu können. Üben Sie den Wechsel zwischen den verschiedenen Registerkarten und erkunden Sie die unter jeder Registerkarte verfügbaren Optionen.

1.6. Excel-Terminologie

Um effektiv mit Excel arbeiten zu können, müssen Sie die grundlegenden Begriffe kennen:

1. **Zelle:** Das grundlegende Element eines Arbeitsblatts, in das Daten eingegeben werden.
2. **Bereich:** Eine Gruppe von Zellen, mit denen gearbeitet wird.
3. **Formel:** Ein Ausdruck, der zur Durchführung von Berechnungen und zur Analyse von Daten verwendet wird.
4. **Funktion:** Eingebaute Formeln, die komplexe Operationen vereinfachen.
5. **Arbeitsmappe:** Die Datei, in der Sie arbeiten und Ihre Daten speichern. Sie kann mehrere Blätter enthalten.
6. **Registerkarte Blatt:** Eine Registerkarte am unteren Rand des Arbeitsmappenfensters, mit der Sie zwischen verschiedenen Blättern in einer Arbeitsmappe navigieren können.
7. **Multifunktionsleiste:** Die Symbolleiste am oberen Rand des Excel-Fensters, die Registerkarten und Befehle für verschiedene Funktionen enthält.
8. **Zelladresse:** Der eindeutige Bezeichner einer Zelle, der sich aus dem Schnittpunkt von Spalte und Zeile ergibt (z. B. A1, B2).
9. **Aktive Zelle:** Die aktuell ausgewählte Zelle, in die Daten eingegeben oder bearbeitet werden können.
10. **PivotTable:** Ein leistungsstarkes Tool für die Datenanalyse, mit dem Sie Daten interaktiv zusammenfassen und untersuchen können.
11. **Diagramm:** Eine visuelle Darstellung von Daten in Form von Diagrammen, wie z. B. Balken-, Linien- und Kreisdiagrammen.

Mehr im Excel-Glossar

Eine umfassende Liste zusätzlicher Begriffe und ihrer Erklärungen finden Sie im Abschnitt Glossar dieses Buches. Das Glossar enthält detaillierte Definitionen und Beschreibungen verschiedener Excel-bezogener Begriffe und hilft Ihnen, die Funktionen von Excel besser zu verstehen und zu nutzen.

Kapitel 2: Eingeben und Bearbeiten von Daten

2.1. Zellen verstehen

Eine Zelle ist die Grundeinheit der Datenspeicherung in Excel. Jede Zelle befindet sich am Schnittpunkt einer Zeile und einer Spalte und hat eine eindeutige Adresse, die aus dem Spaltenbuchstaben und der Zeilennummer besteht (z. B. B2). (Abb. 2.1).

(Abb. 2.1.)

Ausführliche Erläuterung: Zellen können verschiedene Arten von Daten enthalten, z. B. Text, Zahlen, Daten und Formeln. Für eine effektive Datenverwaltung in Excel ist es wichtig zu wissen, wie man Zellen über ihre Adressen referenziert.

Tipp: Achten Sie immer darauf, dass der Datentyp in jeder Zelle dem Verwendungszweck entspricht. Verwenden Sie z. B. Zahlenformatierung für Finanzdaten und Datumsformatierung für Kalenderdaten.

2.2. Daten in eine Zelle eingeben

Um Daten in eine Zelle einzugeben, gehen Sie folgendermaßen vor:
1. Klicken Sie auf die Zelle, um sie auszuwählen.
2. Geben Sie den Text, die Zahl oder die Formel ein.
3. Drücken Sie die Eingabetaste, um die Dateneingabe abzuschließen.

Ausführliche Erläuterung: Durch Drücken der Eingabetaste wird die Auswahl in die Zelle darunter verschoben. Um nach der Eingabe von Daten in derselben Zelle zu bleiben, drücken Sie Strg+Enter.

Tipp: Überprüfen Sie Ihre Eingaben doppelt, um die Richtigkeit sicherzustellen, insbesondere bei der Eingabe komplexer Daten oder Formeln.

2.3. Daten bearbeiten

So bearbeiten Sie Daten in einer Zelle:
1. Doppelklicken Sie auf die Zelle oder drücken Sie F2, um in den Bearbeitungsmodus zu gelangen.
2. Ändern Sie die Daten nach Bedarf.
3. Drücken Sie die Eingabetaste, um die Änderungen abzuschließen.

Tipp: Verwenden Sie die Taste F2, um schnell in den Bearbeitungsmodus zu gelangen. Diese Tastenkombination ist besonders nützlich, wenn Sie kleine Änderungen an bestehenden Daten vornehmen müssen. Achten Sie beim Bearbeiten von Daten darauf, dass Sie nicht versehentlich wichtige Informationen überschreiben. Überprüfen Sie die Änderungen immer, bevor Sie die Eingabetaste drücken.

2.4. Kopieren und Einfügen von Daten

Um Daten zu kopieren und einzufügen, gehen Sie wie folgt vor:
1. Wählen Sie die Zelle oder den Zellbereich aus, den Sie kopieren möchten.
2. Drücken Sie Strg+C (Windows) oder ⌘+C (macOS) zum Kopieren.
3. Wählen Sie die Zelle aus, in die Sie die Daten einfügen möchten, und drücken Sie Strg+V (Windows) bzw. ⌘+V (macOS), um sie einzufügen.

Ausführliche Erläuterung: Das Kopieren und Einfügen von Daten ist ein grundlegender Vorgang in Excel, mit dem Sie Daten effizient duplizieren oder verschieben können.

Tipp: Verwenden Sie das Menü Einfügeoptionen, das nach dem Einfügen angezeigt wird, um auszuwählen, wie die Daten eingefügt werden sollen (z. B. Quellformatierung beibehalten, nur Werte einfügen).

2.5. Verwendung der Zwischenablage

Mit der Zwischenablage können Sie mehrere Elemente kopieren und einfügen. So verwenden Sie die Zwischenablage:
1. Kopieren Sie mehrere Elemente mit Strg+C (Windows) oder ⌘+C (macOS).
2. Öffnen Sie den Bereich Zwischenablage, indem Sie auf "Start" > "Zwischenablage" klicken.
3. Wählen Sie das Element in der Zwischenablage, das Sie einfügen möchten. (Abb. 2.2).

Tipp: Der Bereich Zwischenablage ist besonders nützlich, wenn Sie mehrere Daten von verschiedenen Stellen kopieren und in einer anderen Reihenfolge einfügen müssen.

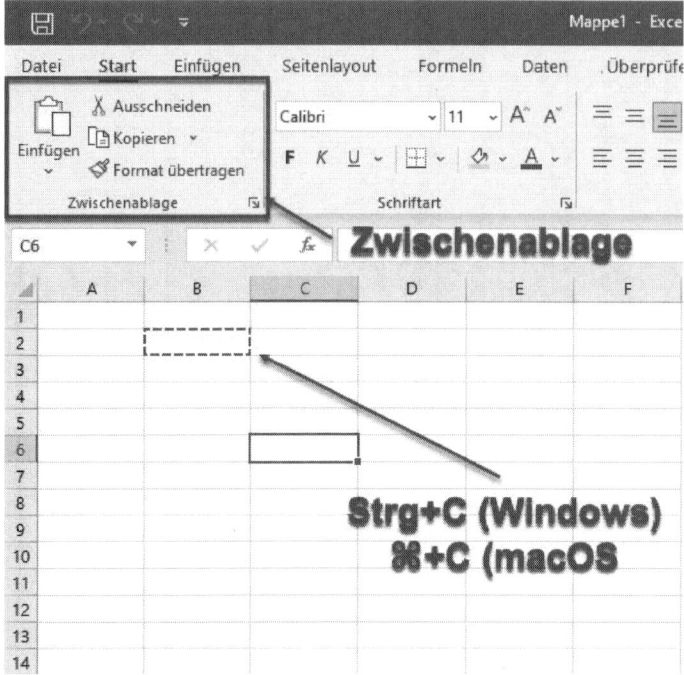

(Abb. 2.2)

2.6. Einfügen Spezial

Die Funktion "Einfügen Spezial" bietet verschiedene Optionen für das Einfügen von Daten, wie z. B. das Einfügen von Werten, Formaten oder Formeln. So verwenden Sie Einfügen Spezial:

1. Kopieren Sie die Zelle oder den Bereich von Zellen.
2. Klicken Sie mit der rechten Maustaste auf die Zelle, in die Sie die Daten einfügen möchten.
3. Wählen Sie "Einfügen Spezial" und wählen Sie die gewünschte Einfügeoption (Abb. 2.3).

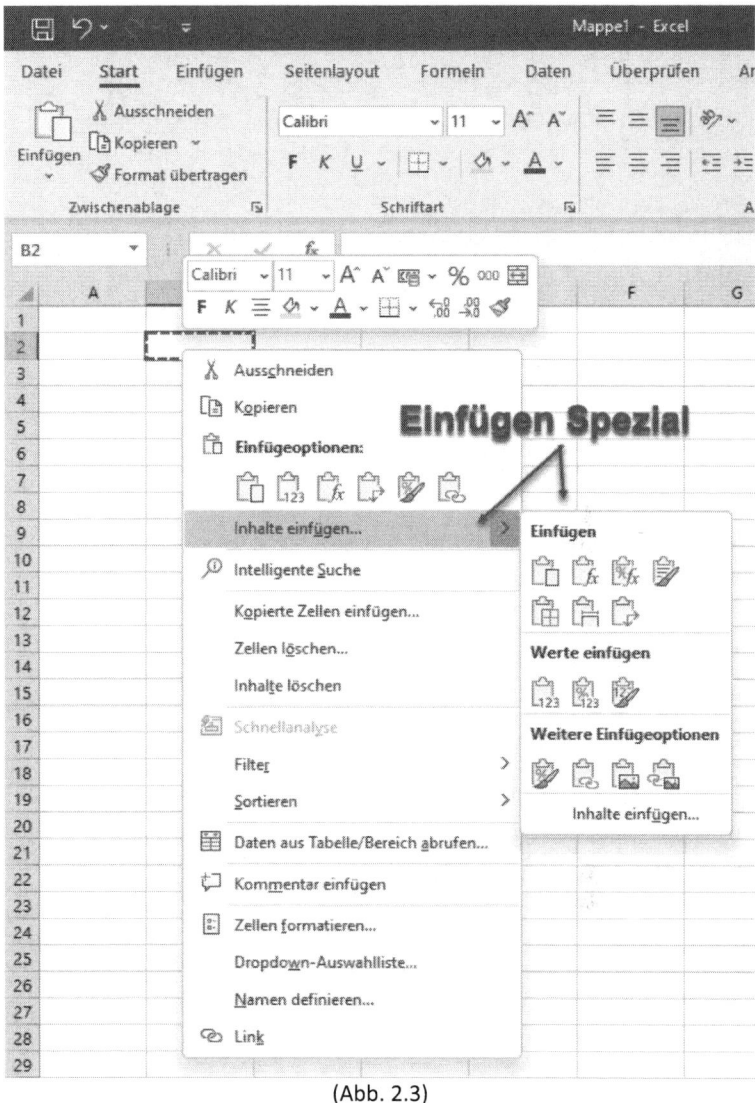

(Abb. 2.3)

Ausführliche Erläuterung: Einfügen Spezial ist eine leistungsstarke Funktion, mit der Sie genau steuern können, wie die Daten eingefügt werden. Sie können zum Beispiel nur die Werte ohne Formatierung oder Formeln einfügen.

Tipp: Verwenden Sie die Funktion "Einfügen spezial", um die Übernahme unerwünschter Formatierungen zu vermeiden oder um Berechnungen mit den eingefügten Daten durchzuführen.

Kapitel 3: Grundlegende Operationen auf dem Arbeitsblatt

3.1. Erstellen und Verwalten von Arbeitsblättern

So erstellen Sie ein neues Arbeitsblatt:

1. Klicken Sie auf die "+"-Schaltfläche am unteren Rand des Excel-Fensters, neben den Registerkarten der vorhandenen Blätter (Abb. 3.1).

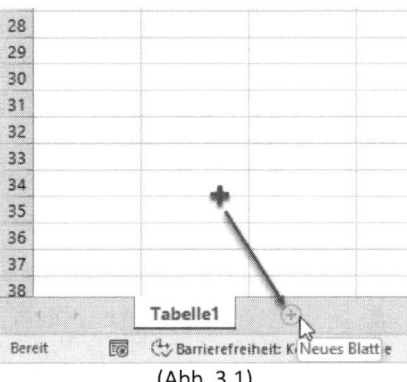

(Abb. 3.1)

Verwalten von Arbeitsblättern:

Umbenennung:

- Klicken Sie mit der rechten Maustaste auf das Blattregister, wählen Sie "Umbenennen" und geben Sie einen neuen Namen ein (Abb. 3.2).

Umziehen:

- Ziehen Sie die Blattregisterkarte an eine neue Position.

Gelöscht:

- Klicken Sie mit der rechten Maustaste auf das Blattregister und wählen Sie "Löschen" (Abb. 3.2).

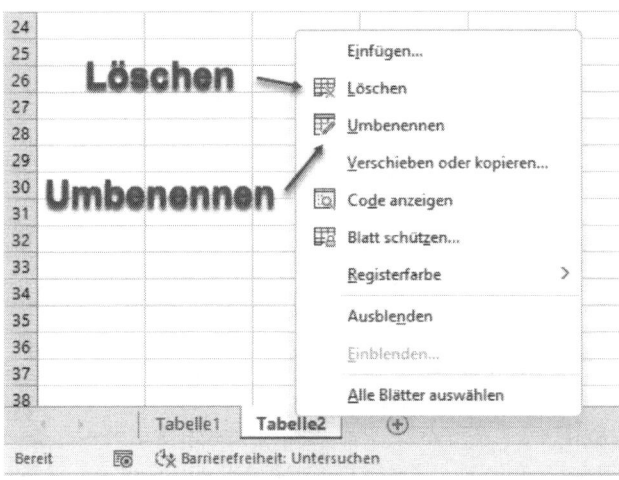

(Abb. 3.2).

Ausführliche Erläuterung und Empfehlungen:

1. **Umbenennen von Blättern:**

    - Geben Sie Ihren Blättern aussagekräftige Namen, um die darin enthaltenen Daten leicht identifizieren zu können.

    Tipp: Verwenden Sie Namen, die den Inhalt oder Zweck widerspiegeln, z. B. "Vertrieb Q1" oder "Budget 2024".

2. **Bewegliche Blätter:**

    Organisieren Sie Ihre Blätter in einer logischen Reihenfolge, um die Navigation und den Arbeitsablauf zu verbessern.
    Tipp: Gruppieren Sie verwandte Blätter zusammen, z. B. nach Projekt oder Datentyp.

3. **Löschen von Blättern:**

    Seien Sie beim Löschen von Blättern vorsichtig, damit keine wichtigen Daten verloren gehen.
    Tipp: Überprüfen Sie immer den Inhalt eines Blattes, bevor Sie es löschen, oder erstellen Sie eine Sicherungskopie Ihrer Arbeitsmappe.

3.2. Zeilen und Spalten: Hinzufügen, Löschen, Verschieben

Um Zeilen oder Spalten hinzuzufügen:

1. Markieren Sie die Zeile oder Spalte neben der Stelle, an der Sie neue Elemente einfügen möchten.

2. Klicken Sie mit der rechten Maustaste und wählen Sie "Einfügen" (Abb. 3.3).

Um Zeilen oder Spalten zu löschen:

1.   Markieren Sie die Zeile oder Spalte, die Sie löschen möchten.

2.   Klicken Sie mit der rechten Maustaste und wählen Sie "Löschen" (Abb. 3.3).

Zum Verschieben von Zeilen oder Spalten:

1.   Wählen Sie die Zeile oder Spalte aus, die Sie verschieben möchten.

2.   Ziehen Sie das ausgewählte Element mit gedrückter Maustaste an eine neue Position.

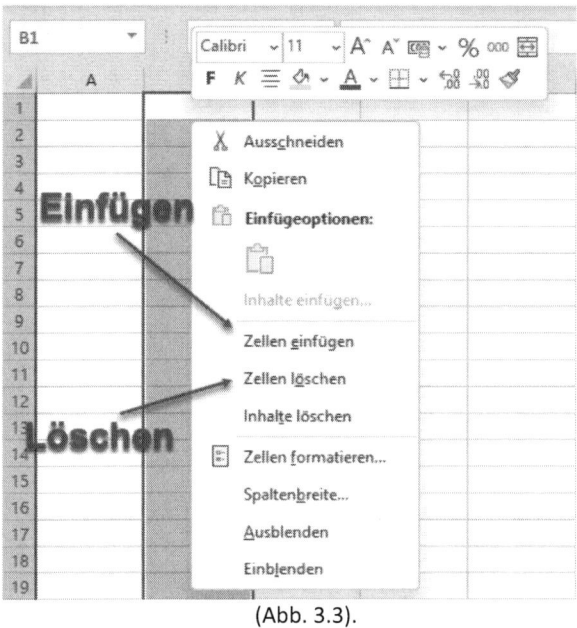

(Abb. 3.3).

Ausführliche Erläuterung und Empfehlungen:

1.   **Einfügen von Zeilen/Spalten:**

   o   Durch das Einfügen neuer Zeilen und Spalten können Sie Ihre Daten besser strukturieren.

Tipp: Verwenden Sie das Menü "Einfügen", um mehrere Zeilen oder Spalten auf einmal hinzuzufügen.

2.   **Löschen von Zeilen/Spalten:**

   o   Das Löschen unnötiger Zeilen und Spalten kann Ihr Arbeitsblatt übersichtlicher und lesbarer machen.

Tipp: *Vergewissern Sie sich, dass sich keine wichtigen Daten in den Zeilen oder Spalten befinden, die Sie löschen möchten.*

3. **Zeilen/Spalten verschieben:**

   o Durch das Verschieben von Zeilen und Spalten lassen sich Daten für eine bessere Analyse und Präsentation neu organisieren.

Tipp: *Beachten Sie, dass sich das Verschieben von Daten auf Formeln und Referenzen auswirken kann.*

3.3. Ausblenden und Einblenden von Zeilen und Spalten

Um Zeilen oder Spalten auszublenden:

1. Markieren Sie die Zeile oder Spalte, die Sie ausblenden möchten.

2. Klicken Sie mit der rechten Maustaste und wählen Sie "Ausblenden" (Abb. 3.4).

So blenden Sie Zeilen oder Spalten wieder ein:

1. Wählen Sie die an die ausgeblendeten Zeilen oder Spalten angrenzenden Zeilen oder Spalten aus.

2. Klicken Sie mit der rechten Maustaste und wählen Sie "Einblenden" (Abb. 3.4).

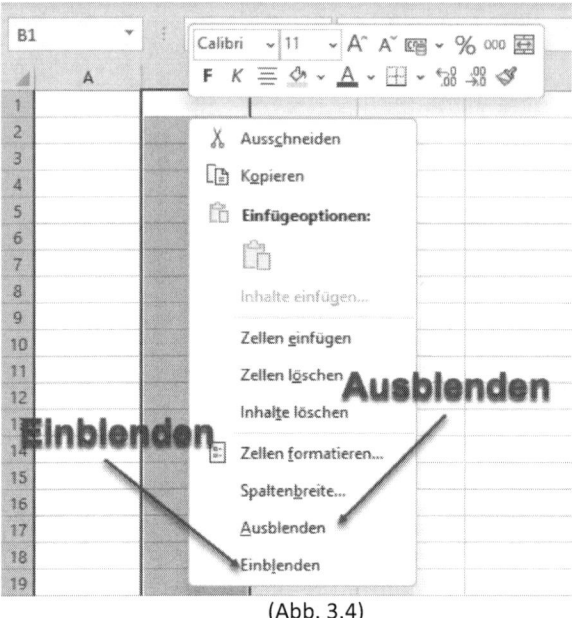

(Abb. 3.4)

Ausführliche Erläuterung und Empfehlungen:

1. **Zeilen/Spalten ausblenden:**

   o Das Ausblenden kann Ihnen helfen, sich auf bestimmte Teile Ihrer Daten zu konzentrieren.

Tipp: Verwenden Sie das Ausblenden, um komplexe Arbeitsblätter bei Präsentationen oder beim Austausch mit anderen zu vereinfachen.

2. **Zeilen/Spalten ausblenden:**

   o Durch das Ausblenden werden zuvor verborgene Daten wieder sichtbar.

*Tipp: **Behalten** Sie den Überblick über ausgeblendete Zeilen/Spalten, um Verwechslungen zu vermeiden.*

3.4. Gruppierung und Aufhebung der Gruppierung von Daten

Zum Gruppieren von Daten:

1. Markieren Sie die Zeilen oder Spalten, die Sie gruppieren möchten.

2. Gehen Sie auf die Registerkarte "Daten" und wählen Sie "Gruppe" (Abb. 3.5).

Um die Gruppierung der Daten aufzuheben:

1.   Markieren Sie die gruppierten Zeilen oder Spalten.

2.   Gehen Sie auf die Registerkarte "Daten" und wählen Sie "Gruppierung aufheben" (Abb. 3.5).

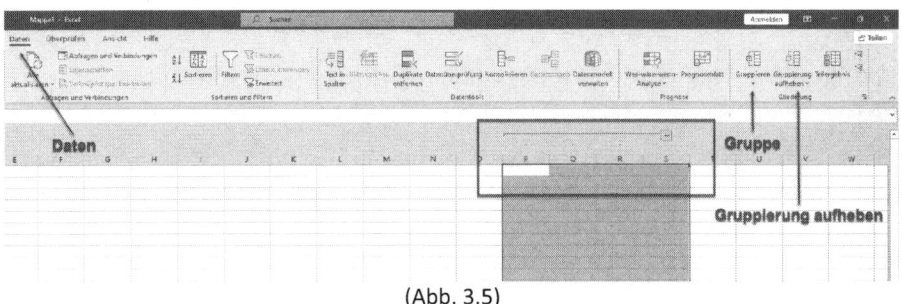

(Abb. 3.5)

Ausführliche Erläuterung und Empfehlungen:

1.   **Daten gruppieren:**

     o   Die Gruppierung hilft bei der Organisation zusammengehöriger Daten und erleichtert das Erweitern/Kollabieren von Abschnitten zur besseren Lesbarkeit.

Tipp: Verwenden Sie die Gruppierung für Abschnitte von Daten, die häufig gemeinsam analysiert werden.

2.   **Daten entgruppieren:**

     o   Durch die Aufhebung der Gruppierung werden die Daten wieder in ihren ursprünglichen, nicht gruppierten Zustand versetzt.

Tipp: Verwenden Sie Umgruppierungen sparsam, um die Organisationsstruktur beizubehalten.

3.5. Drucken von Arbeitsblättern und Druckeinstellungen

So richten Sie den Druck ein:

1.   Rufen Sie das Menü "Datei" auf und wählen Sie "Drucken".

2.   Passen Sie im Druckvorschaufenster Einstellungen wie Seitenausrichtung, Papierformat und Ränder an.

Um ein Arbeitsblatt zu drucken:

1.   Stellen Sie sicher, dass alle Druckeinstellungen korrekt konfiguriert sind.

2. Klicken Sie auf die Schaltfläche "Drucken".

Ausführliche Erläuterung und Empfehlungen:

1. **Druckeinstellungen:**

   o Durch die Anpassung der Druckeinstellungen wird sichergestellt, dass Ihre Daten korrekt und professionell gedruckt werden.

Tipp: Verwenden Sie die Druckvorschau, um zu prüfen, wie Ihr Arbeitsblatt beim Drucken aussehen wird.

2. **Drucken von Arbeitsblättern:**

   o Richtig konfigurierte Druckeinstellungen helfen dabei, die gewünschten Druckergebnisse zu erzielen.

Tipp: Überprüfen Sie die Druckeinstellungen für Kopf- und Fußzeilen sowie die Skalierung vor dem Drucken.

Teil II
Formatierung von Daten und Arbeitsblättern

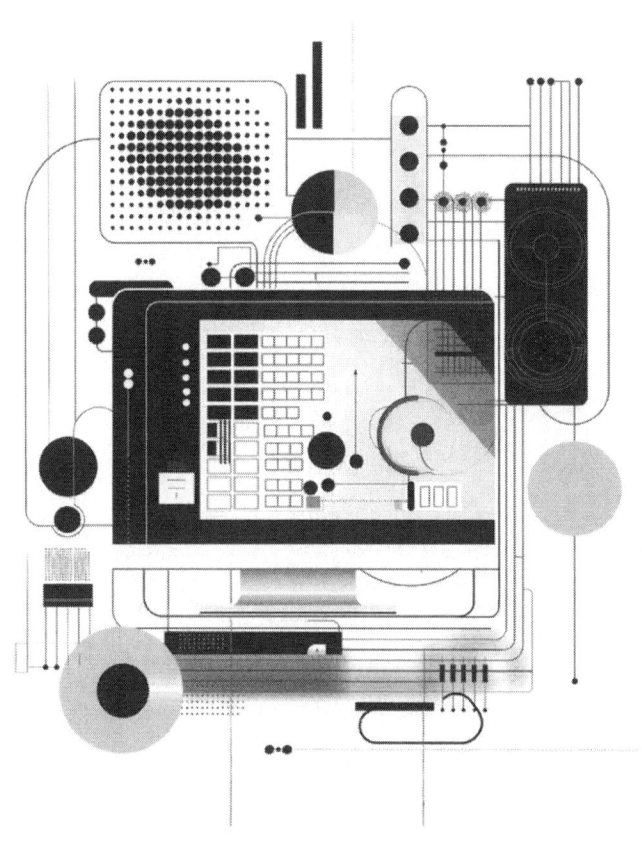

Kapitel 4: Zellen formatieren

4.1. Ändern von Schriftart und Textgröße

So ändern Sie die Schriftart und die Textgröße in den Zellen:

1. Markieren Sie die Zellen, die Sie formatieren möchten.

2. Gehen Sie auf die Registerkarte "Start".

3. Verwenden Sie die Dropdown-Menüs, um die Schriftart und die Textgröße auszuwählen (Abb. 4.1).

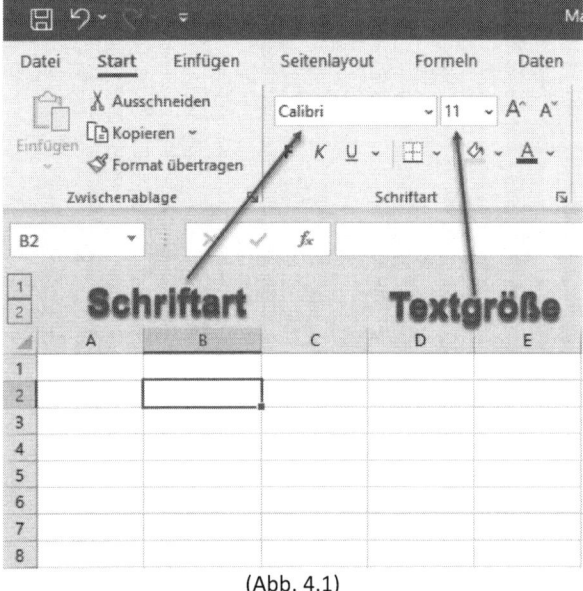

(Abb. 4.1)

Ausführliche Erläuterung: Das Ändern der Schriftart und der Textgröße trägt dazu bei, die Lesbarkeit Ihrer Daten zu verbessern und wichtige Informationen hervorzuheben.

Tipp: Verwenden Sie auf Ihrem Arbeitsblatt einheitliche Schriftarten und Textgrößen, um ein professionelles und einheitliches Erscheinungsbild zu gewährleisten.

4.2. Anpassen von Text- und Zellenfüllfarben

So ändern Sie die Textfarbe und die Zellenfüllung:

1. Markieren Sie die Zellen, die Sie ändern möchten.
2. Verwenden Sie auf der Registerkarte "Start" die Schaltflächen "Schriftfarbe" und "Füllfarbe" (Abb. 4.2).

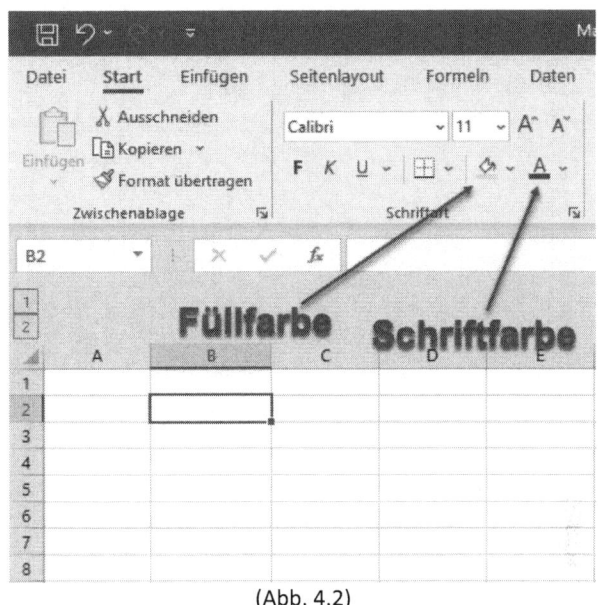

(Abb. 4.2)

Ausführliche Erläuterung: Die Anpassung von Text- und Zellfüllfarben kann helfen, wichtige Daten hervorzuheben oder zwischen verschiedenen Datenkategorien zu unterscheiden.

Tipp: Verwenden Sie kontrastierende Farben für Text und Zellfüllungen, um die Lesbarkeit zu gewährleisten. Vermeiden Sie die Verwendung zu vieler verschiedener Farben, da dies das Arbeitsblatt unübersichtlich erscheinen lassen kann.

4.3. Ausrichten von Text

So richten Sie Text in Zellen aus:

1. Markieren Sie die Zellen, die Sie ausrichten möchten.

2. Verwenden Sie auf der Registerkarte "Start" die Ausrichtungsschaltflächen, um den Text links, mittig oder rechts auszurichten (Abb. 4.3).

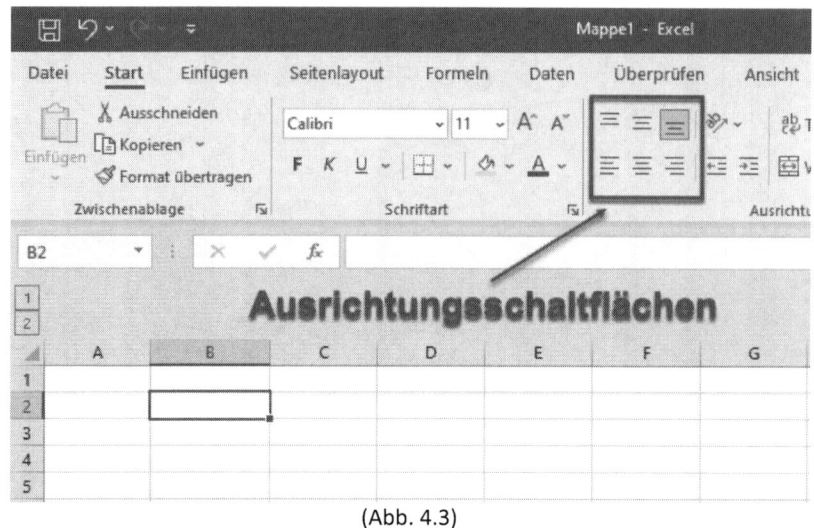

(Abb. 4.3)

Ausführliche Erläuterung: Eine korrekte Textausrichtung verbessert die visuelle Struktur Ihres Arbeitsblatts und macht es leichter lesbar und verständlich.

Tipp: Verwenden Sie für Überschriften eine mittige Ausrichtung und für Textdaten eine linke Ausrichtung, um ein sauberes und übersichtliches Erscheinungsbild zu gewährleisten.

4.4. Hinzufügen von Zellrändern

So fügen Sie den Zellen Ränder hinzu:

1.   Markieren Sie die Zellen, denen Sie Ränder hinzufügen möchten.

2.   Wählen Sie auf der Registerkarte "Start" über die Schaltfläche "Ränder" die Art des Rahmens aus (Abb. 4.4).

(Abb. 4.4)

Ausführliche Erläuterung: Das Hinzufügen von Rahmen zu Zellen hilft, Daten zu trennen und eine klare visuelle Unterscheidung zwischen verschiedenen Abschnitten Ihres Arbeitsblatts zu schaffen.

Tipp: Verwenden Sie dickere Ränder für die Außenkanten von Tabellen und dünnere Ränder für innere Zeilen, um die Lesbarkeit zu verbessern.

4.5. Formatierung von Zahlen und Daten

Zum Formatieren von Zahlen und Daten:

1. Markieren Sie die Zellen, die Sie formatieren möchten.

2. Wählen Sie auf der Registerkarte "Start" im Dropdown-Menü "Zahlenformat" das gewünschte Format (z. B. "Zahl", "Datum", "Uhrzeit") (Abb. 4.5).

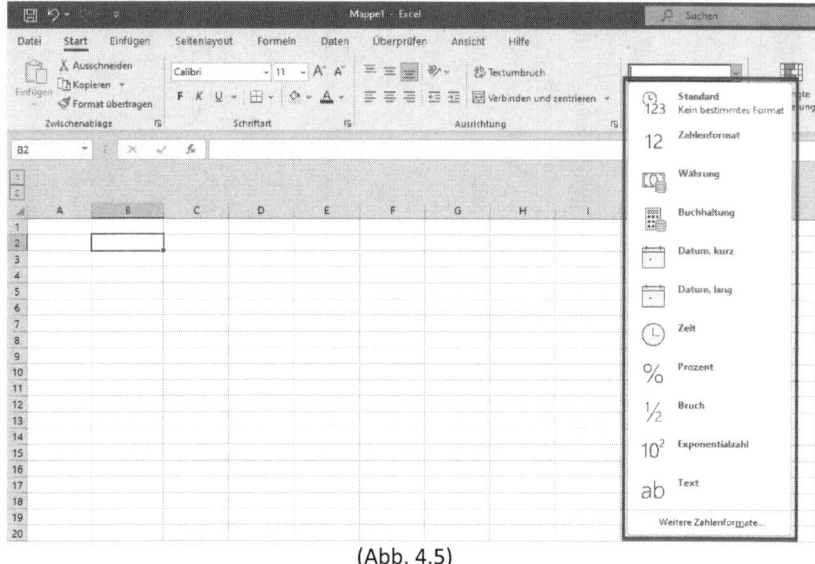
(Abb. 4.5)

Ausführliche Erläuterung: Die richtige Formatierung von Zahlen und Datumsangaben stellt sicher, dass Ihre Daten korrekt angezeigt werden und leicht zu interpretieren sind.

Tipp: Verwenden Sie die Zahlenformatierung, um Finanzdaten mit den entsprechenden Währungssymbolen und Dezimalstellen anzuzeigen. Verwenden Sie die Datumsformatierung, um sicherzustellen, dass die Daten einheitlich angezeigt werden.

Kapitel 5: Arbeiten mit Ranges und Tabellen

5.1. Verstehen von Bereichen

Ein Bereich ist eine Gruppe von Zellen, die als Gruppe bearbeitet werden. Sie können einen Bereich auswählen, indem Sie auf die gewünschten Zellen klicken und die Maus darüber ziehen (Abb. 5.1).

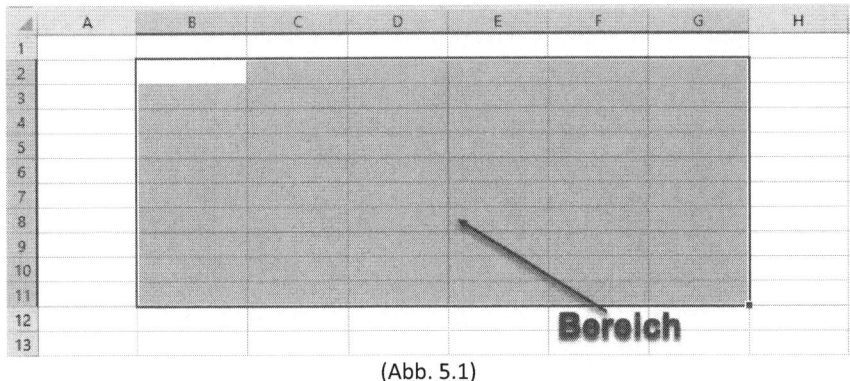

(Abb. 5.1)

Ausführliche Erläuterung: Durch die Auswahl von Bereichen können Sie Formatierungen, Formeln und andere Operationen auf mehrere Zellen gleichzeitig anwenden und so die Effizienz steigern.

Tipp: Verwenden Sie benannte Bereiche, um komplexe Formeln zu vereinfachen und Ihr Arbeitsblatt übersichtlicher zu gestalten.

5.2. Erstellen und Formatieren von Tabellen

Um eine Tabelle zu erstellen:

1. Wählen Sie den Bereich von Zellen aus, den Sie in eine Tabelle umwandeln möchten.

2. Klicken Sie auf der Registerkarte "Einfügen" auf die Schaltfläche "Tabelle".

3. Wählen Sie einen Tabellenstil und bestätigen Sie Ihre Auswahl (Abb. 5.2).

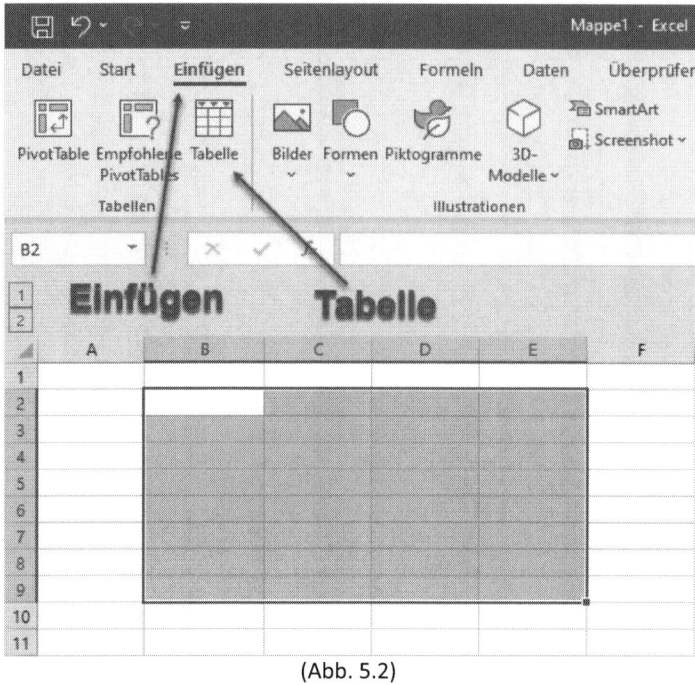

(Abb. 5.2)

So formatieren Sie eine Tabelle:

1. Wählen Sie die Tabelle aus.

2. Wählen Sie auf der Registerkarte "Design" die Formatierungsstile und -optionen (Abb. 5.3).

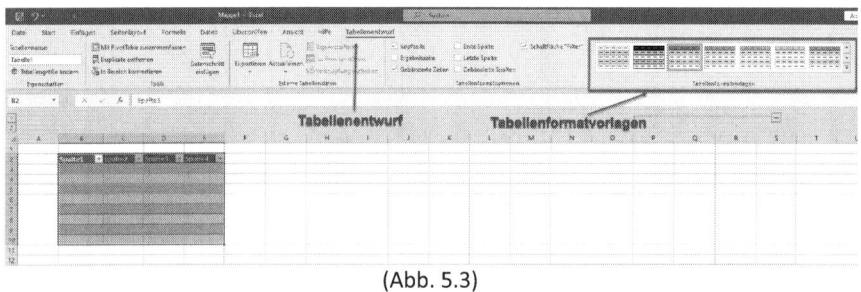

(Abb. 5.3)

Ausführliche Erläuterung: Tabellen bieten eine strukturierte Möglichkeit, Daten zu verwalten und zu analysieren, mit integrierten Funktionen zum Filtern, Sortieren und Formatieren.

Tipp: *Wählen Sie Tabellenformate, die die Lesbarkeit verbessern und zum Gesamtdesign Ihres Arbeitsblatts passen.*

5.3. Vorteile der Verwendung von Tabellen

Tabellen in Excel bieten mehrere Vorteile:

- **Automatische Formatierung:** Tabellen werden automatisch formatiert, so dass sie optisch ansprechend und leicht zu lesen sind.

- **Filtern und Sortieren:** Tabellen enthalten integrierte Werkzeuge zum Filtern und Sortieren von Daten. (Abb. 5.4).

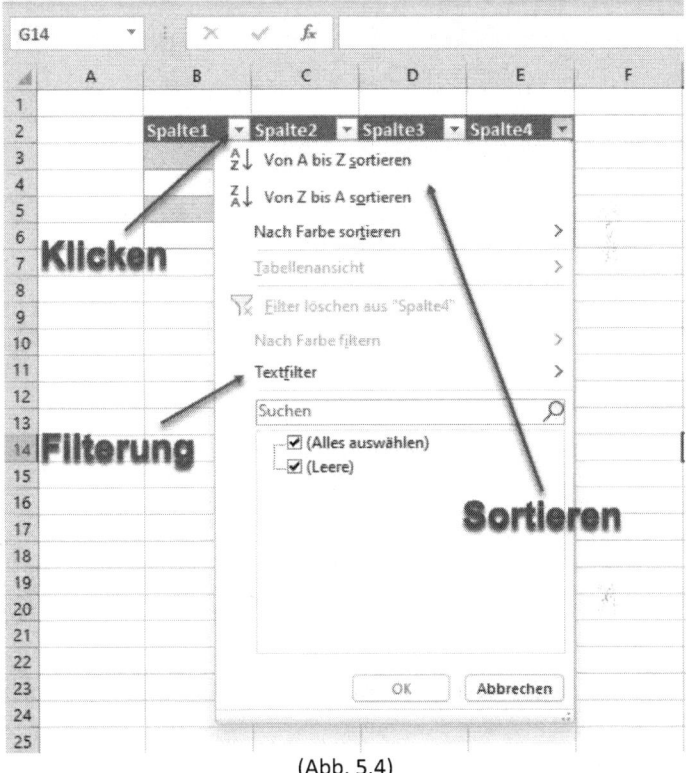

(Abb. 5.4)

Ausführliche Erläuterung: Die Verwendung von Tabellen vereinfacht die Datenverwaltung und gewährleistet die Konsistenz von Formatierung und Funktionalität.

Tipp: Konvertieren Sie Bereiche in Tabellen, wann immer dies möglich ist, um die Vorteile dieser Funktionen zu nutzen und Ihren Daten-Workflow zu verbessern.

5.4. Strukturierte Verweise in Tabellen

Strukturierte Verweise machen es einfach, auf Daten in Tabellen zu verweisen. Anstelle von normalen Zellverweisen (z. B. A1) können Sie Spaltennamen verwenden.

Ausführliche Erläuterung: Strukturierte Referenzen verbessern die Lesbarkeit von Formeln und erleichtern das Verständnis und die Pflege komplexer Formeln.

Tipp: Verwenden Sie strukturierte Verweise, um Ihre Formeln intuitiver und weniger fehleranfällig zu machen, insbesondere bei großen Datensätzen.

Teil III
Arbeiten mit Formeln und Funktionen

Kapitel 6: Einführung in Formeln und Funktionen

6.1. Einführung in Formeln und Funktionen

Formeln und Funktionen in Excel sind leistungsstarke Werkzeuge für die Durchführung von Berechnungen und die Analyse von Daten. Eine Formel beginnt immer mit einem Gleichheitszeichen (=) und kann Operatoren, Zellbezüge und integrierte Funktionen enthalten (Abb. 6.1).

(Abb. 6.1)

Ausführliche Erläuterung: Formeln sind wichtig, um Berechnungen zu automatisieren und die Effizienz der Datenanalyse zu verbessern. Um das volle Potenzial von Excel auszuschöpfen, ist es wichtig zu verstehen, wie man Formeln erstellt und verwendet.

Tipp: Beginnen Sie mit einfachen Formeln, um sich mit der Syntax vertraut zu machen, und gehen Sie nach und nach zu komplexeren Berechnungen über.

6.2. Grundformeln (SUMME, MITTELWERT, MAX, MIN)

- **SUMME:**

  - Diese Funktion addiert Zahlen in einem Bereich.

  - **Format:** =SUMME(B2:B3) (Abb. 6.2).

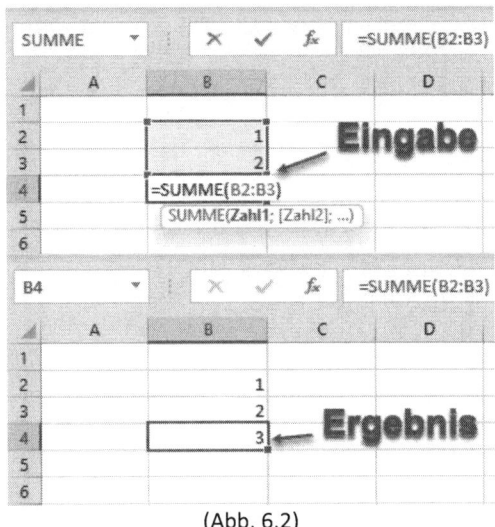

(Abb. 6.2)

- **MITTELWERT:**

  - Diese Funktion berechnet den Durchschnittswert von Zahlen in einem Bereich.

  - **Format:** = MITTELWERT(B2:B3) (Abb. 6.3).

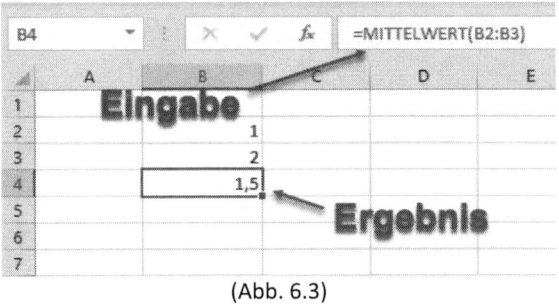

(Abb. 6.3)

- **MAX:**

  - Diese Funktion gibt den maximalen Wert in einem Bereich zurück.

  - **Format:** =MAX(B2:B3) (Abb. 6.4).

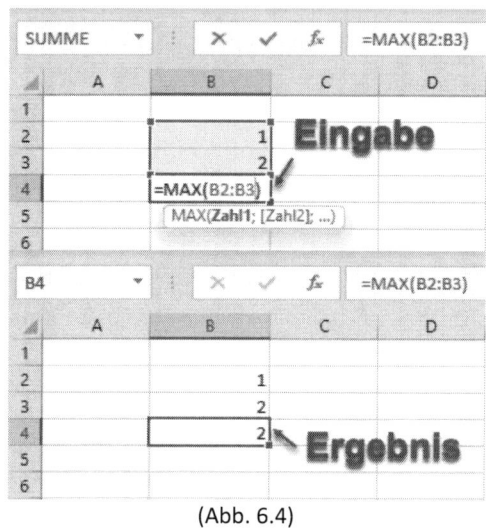

(Abb. 6.4)

- **MIN:**

  - Diese Funktion gibt den Mindestwert in einem Bereich zurück.

  - **Format:** =MIN(B2:B3) (Abb. 6.5).

(Abb. 6.5)

Ausführliche Erläuterung: Diese Grundfunktionen sind grundlegend für alltägliche Berechnungen und Datenanalysen. Sie helfen, Daten schnell zusammenzufassen und zu interpretieren.

Tipp: *Verwenden Sie die AutoSum-Funktion auf der Registerkarte Start, um diese Funktionen schnell auf Ihre Daten anzuwenden.*

6.3. Häufig verwendete Funktionen (WENN, SVERWEIS, WVERWEIS, ANZAHL, ZÄHLENWENN)

- **WENN:**

  - Diese Funktion führt einen logischen Vergleich zwischen einem Wert und einem erwarteten Ergebnis durch.

  - **Format:** = WENN(A1>10, "Ja", "Nein") (Abb. 6.6).

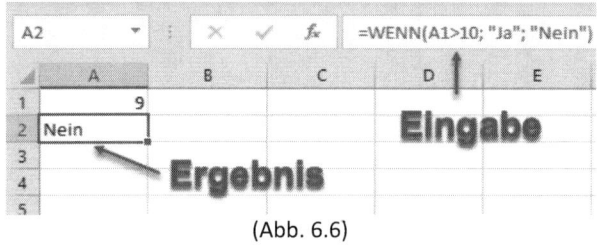

(Abb. 6.6)

- **SVERWEIS:**

  - Diese Funktion sucht nach einem Wert in der ersten Spalte einer Tabelle und gibt einen Wert in derselben Zeile aus einer anderen Spalte zurück.

  - **Format:** = **SVERWEIS** (Wert, Tabelle, Spalte_Index_Zahl, [Bereich_Lookup]) (Abb. 6.7).

Um die SVERWEIS -Funktion in Excel zu verwenden, können Sie die folgenden Schritte ausführen:

- **Bereiten Sie Ihre Datentabelle vor:**

  - Stellen Sie sicher, dass Ihre Datentabelle eine Spalte enthält, in der Sie nach einem Wert suchen, und eine oder mehrere Spalten, aus denen Sie einen Wert zurückgeben möchten.

- **Beispielhafte Daten:**

  - Angenommen, Sie haben eine Tabelle mit Namen und Telefonnummern:

	A	B
1	Name	Telefon
2	John	123-4567
3	Jane	234-5678
4	Doe	345-6789

- **Verwendung der Funktion SVERWEIS:**

o Geben Sie die Formel in die Zelle ein, in der Sie das Ergebnis sehen möchten.

o Beispiel: Sie wollen die Telefonnummer von "Jane" finden:

= SVERWEIS("Jane", A2:B4, 2, FALSE)

o **Erklärung der Formel**:

- "Jane": der Wert, den Sie in der ersten Spalte der Tabelle suchen.

- A2:B4: der Bereich der Tabelle, in dem sich Ihre Such- und Rückgabedaten befinden.

- 2: die Nummer der Spalte, aus der Sie den Wert zurückgeben möchten (in diesem Fall die Spalte "Telefon").

- FALSE: exakte Übereinstimmung (wenn keine exakte Übereinstimmung gefunden wird, wird ein Fehler zurückgegeben).

- **Ergebnis**:

o In der Zelle mit der Formel wird die Rufnummer "234-5678" angezeigt.

(Abb. 6.7)

- **WVERWEIS:**

  - Diese Funktion funktioniert ähnlich wie SVERWEIS, sucht aber nach einem Wert in der ersten Zeile einer Tabelle.

  - **Format:** = WVERWEIS (wert, tabelle, zeilen_index_zahl, [bereich_lookup]) (Abb. 6.8).

⬚ Bereiten Sie Ihre Datentabelle vor:

- Stellen Sie sicher, dass Ihre Datentabelle eine Zeile enthält, in der Sie nach einem Wert suchen, und eine oder mehrere Zeilen, aus denen Sie einen Wert zurückgeben möchten.

⬚ Beispieldaten:

- Angenommen, Sie haben eine Tabelle mit Produktnamen in der ersten Zeile und deren Preisen in der zweiten Zeile:

	A	B	C
1	Produkt1	Produkt2	Produkt3
2	10	20	30

⬚ Verwendung der Funktion WVERWEIS:

- Geben Sie die Formel in die Zelle ein, in der Sie das Ergebnis sehen möchten.

- Beispiel: Sie möchten den Preis für "Produkt2" ermitteln:

  = WVERWEIS("Produkt2", A1:C2, 2, FALSE)

- **Erklärung der Formel:**

  - "Produkt2": der gesuchte Wert in der ersten Zeile der Tabelle.

  - A1:C2: der Bereich der Tabelle, in dem sich Ihre Such- und Rückgabedaten befinden.

  - 2: die Zeilennummer, von der Sie den Wert zurückgeben möchten (in diesem Fall die zweite Zeile mit den Preisen).

  - FALSE: exakte Übereinstimmung (wenn keine exakte Übereinstimmung gefunden wird, wird ein Fehler zurückgegeben).

Ergebnis:

- In der Zelle mit der Formel wird der Preis "20" angezeigt.

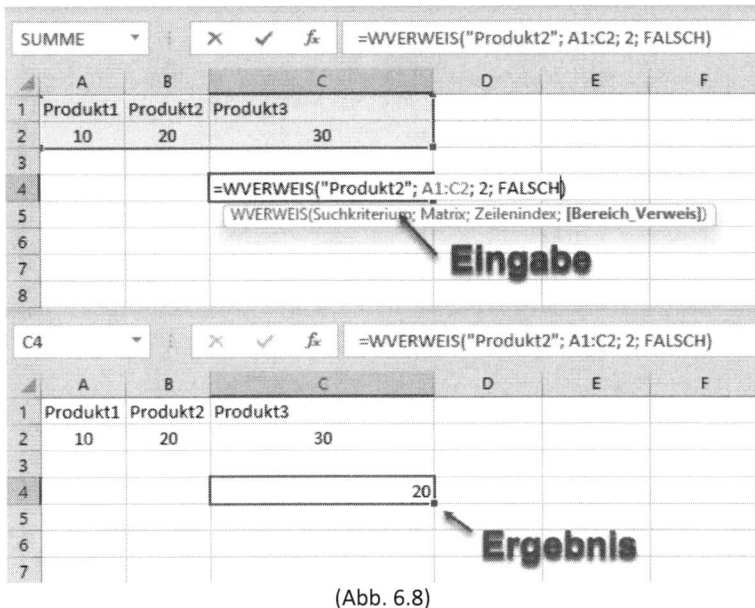

(Abb. 6.8)

- **ANZAHL:**

  o Diese Funktion zählt die Anzahl der Zahlen in einem Bereich.

  o **Format:** = ANZAHL(A1:A10) (Abb. 6.9).

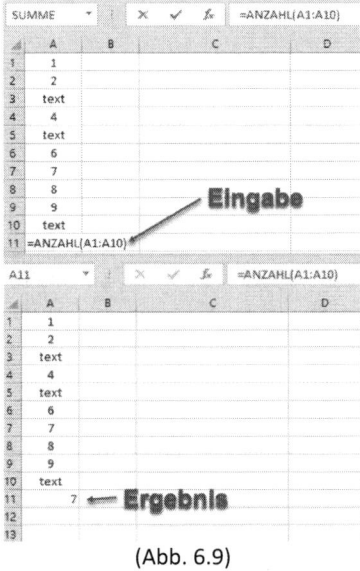

(Abb. 6.9)

- **ZÄHLENWENN:**

  o Diese Funktion zählt die Anzahl der Zellen in einem Bereich, die eine Bedingung erfüllen.

  o **Format:** = ZÄHLENWENN(A1:A10, ">=10") (Abb. 6.10)

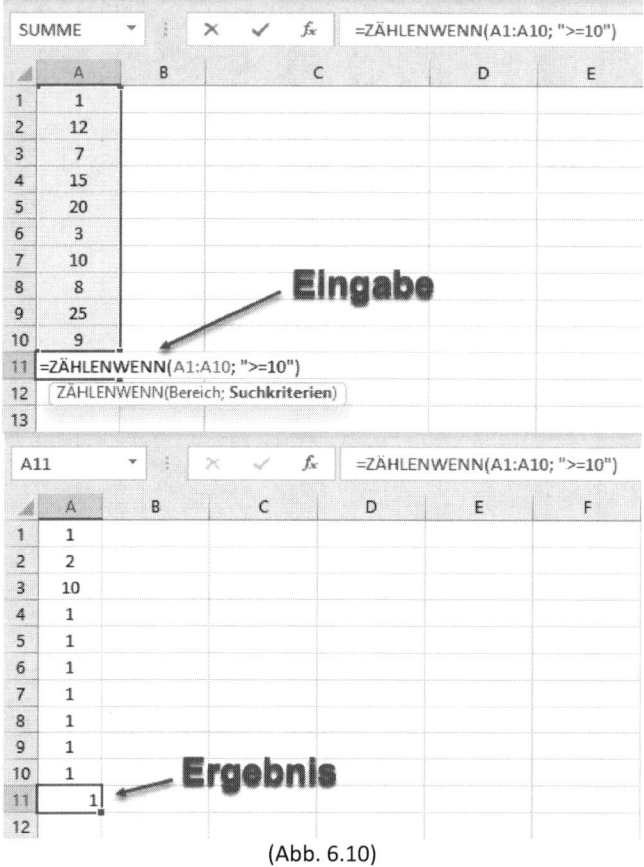

(Abb. 6.10)

Ausführliche Erläuterung: Diese Funktionen werden häufig in verschiedenen Datenanalyseszenarien verwendet. Sie bieten bedingte Logik (WENN), Nachschlagefunktionen (SVERWEIS, WVERWEIS) und Zählfunktionen (ANZAHL, ZÄHLENWENN).

Tipp: Machen Sie sich mit diesen Funktionen vertraut, indem Sie mit verschiedenen Datensätzen üben. Dadurch verbessern Sie Ihre Fähigkeiten zur Datenanalyse und Ihre Effizienz. Achten Sie bei der Verwendung von Nachschlagefunktionen wie SVERWEIS und WVERWEIS darauf, dass Ihre Daten korrekt organisiert sind, um genaue Ergebnisse zu erzielen.

Kapitel 7: Erweiterte Formeln und Funktionen

7.1. Logische Funktionen (UND, ODER)

UND:
1. Diese Funktion gibt WAHR zurück, wenn alle Argumente wahr sind.
2. Format: = UND(Bedingung1, Bedingung2) (Abb. 7.1).

UND-Funktion
Beschreibung: Diese Funktion gibt WAHR zurück, wenn alle Argumente wahr sind.
Format:

= UND(Bedingung1, Bedingung2)

Beispielhafte Daten

Angenommen, Sie haben die folgenden Werte in den Spalten A und B:

A	B
10	20
15	25
30	5
25	30
20	15

Beispiel für die Verwendung der UND-Funktion
Die Formel zur Überprüfung, ob die Werte in Spalte A größer als 10 und die Werte in
Spalte B kleiner als 30 sind, sieht wie folgt aus
=UND(A2>10, B2<30)
Ergebnis

Diese Formel ergibt:

- In Zelle C2: FALSCH (weil der Wert in A2 10 ist, was nicht größer als 10 ist)

- In Zelle C3: WAHR (weil der Wert in A3 größer als 10 und der Wert in B3 kleiner
  als 30 ist)

- In Zelle C4: WAHR (weil der Wert in A4 größer als 10 und der Wert in B4 kleiner
  als 30 ist)

- In Zelle C5: FALSCH (weil der Wert in B5 30 ist, was nicht kleiner als 30 ist)

- In Zelle C6: WAHR (weil der Wert in A6 größer als 10 und der Wert in B6 kleiner
  als 30 ist)

Beispielformel in Zellen

Wenn Sie die Formel auf jede Zeile anwenden wollen:

=UND(A2>10, B2<30)

Sie können diese Formel in andere Zellen kopieren, z. B. in C2, C3, C4 usw.

(Abb. 7.1)

ODER:

1. Diese Funktion gibt WAHR zurück, wenn eines der Argumente wahr ist.
2. Format: =OR(Bedingung1, Bedingung2) (Abb. 7.2).

ODER-Funktion

Beschreibung: Diese Funktion gibt WAHR zurück, wenn eines der Argumente wahr ist.

Beispiel-Daten

Angenommen, Sie haben die folgenden Werte in den Spalten A und B:

A	B
10	20
15	25
30	5
25	30
20	15

Beispiel für die Verwendung der ODER-Funktion

Die Formel zur Überprüfung, ob die Werte in Spalte A größer als 20 oder die Werte in Spalte B kleiner als 10 sind, sieht wie folgt aus

=ODER(A2>20, B2<10)

52

Ergebnis

Diese Formel ergibt:

- In Zelle C2: FALSCH (weil der Wert in A2 nicht größer als 20 und der Wert in B2 nicht kleiner als 10 ist)

- In Zelle C3: FALSCH (weil der Wert in A3 nicht größer als 20 und der Wert in B3 nicht kleiner als 10 ist)

- In Zelle C4: WAHR (weil der Wert in A4 größer als 20 ist)

- In Zelle C5: FALSCH (weil der Wert in A5 nicht größer als 20 und der Wert in B5 nicht kleiner als 10 ist)

- In Zelle C6: FALSCH (weil der Wert in A6 nicht größer als 20 und der Wert in B6 nicht kleiner als 10 ist)

Beispielformel in Zellen

Wenn Sie die Formel auf jede Zeile anwenden wollen:

=ODER(A2>20, B2<10)

Sie können diese Formel in andere Zellen kopieren, z. B. in C2, C3, C4 usw.

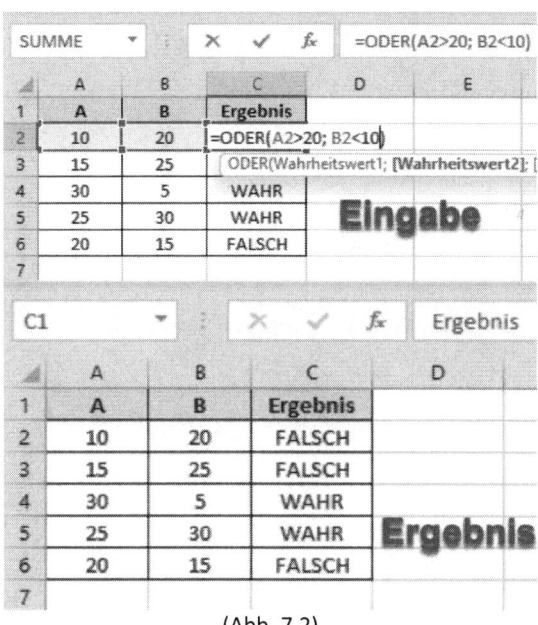

(Abb. 7.2)

53

Ausführliche Erläuterung: Logische Funktionen werden verwendet, um mehrere Bedingungen zu testen und einen booleschen Wert (WAHR oder FALSE) zurückzugeben. Sie werden oft in Verbindung mit anderen Funktionen verwendet, um komplexe Formeln zu erstellen.

Tipp: Verwenden Sie logische Funktionen, um dynamische Formeln zu erstellen, die auf unterschiedliche Datenbedingungen reagieren.

7.2. Mathematische Funktionen (SUMMEWENN, ZUFALLSBEREICH)

- **SUMMEWENN:**

  - Diese Funktion addiert Zahlen in einem Bereich, die eine bestimmte Bedingung erfüllen.

  - **Format:** = SUMMEWENN(A1:A10, ">10") (Abb. 7.3).

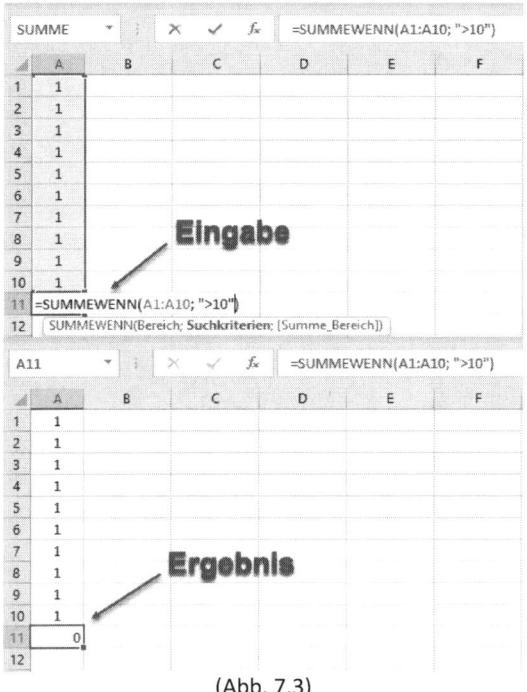

(Abb. 7.3)

- **ZUFALLSBEREICH:**

  - Diese Funktion gibt eine Zufallszahl innerhalb des angegebenen Bereichs zurück.

  - **Format:** = ZUFALLSBEREICH(1, 100) (Abb. 7.4).

(Abb. 7.4)

Ausführliche Erläuterung: Mathematische Funktionen führen Berechnungen mit numerischen Daten durch. Sie können zum Summieren von Werten, zum Erzeugen von Zufallszahlen und mehr verwendet werden.

Tipp: Verwenden Sie die Funktion ZUFALLSBEREICH, um Zufallsdaten für Simulationen und Tests zu erzeugen.

7.3. Statistische Funktionen (ZÄHLENWENN, MODALWERT, VARIANZ)

- **ZÄHLENWENN:**

  - Diese Funktion zählt die Anzahl der Zellen in einem Bereich, die eine Bedingung erfüllen.

  - **Format:** = ZÄHLENWENN(A1:A10, ">=10") (Abb. 7.5)

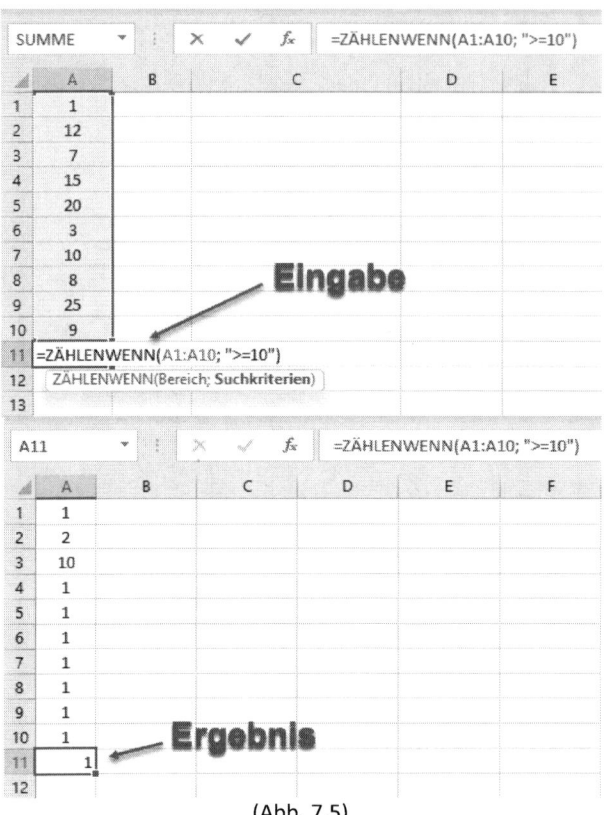

(Abb. 7.5)

MODALWERT:

- **Beschreibung**: Diese Funktion gibt die am häufigsten vorkommende Zahl in einem Bereich zurück.

- **Format**: = MODALWERT(A1:A10) (Abb. 7.6).

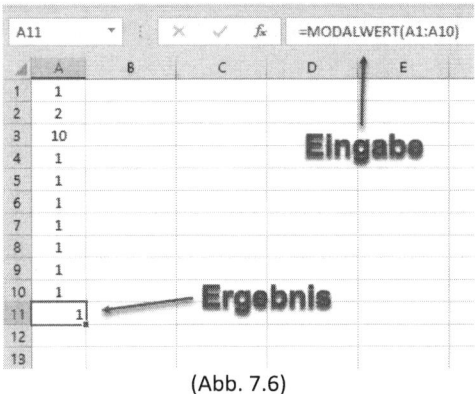

(Abb. 7.6)

VARIANZ:

- **Beschreibung**: Diese Funktion berechnet die Varianz von Zahlen in einem Bereich und zeigt, wie stark die Zahlen vom Durchschnitt abweichen.

- **Format**: = VARIANZ(A1:A10) (Abb. 7.7).

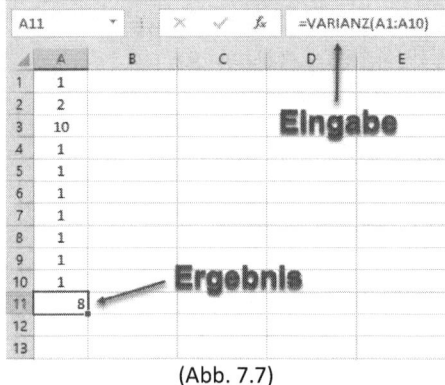

(Abb. 7.7)

Ausführliche Erläuterung: Statistische Funktionen helfen beim Zusammenfassen und Analysieren von Datensätzen. Sie werden verwendet, um zu zählen, den Durchschnitt zu ermitteln, Bedingungen auf Daten anzuwenden, den Modus zu finden und die Varianz zu berechnen.

Tipp: Verwenden Sie ZÄHLENWENN, um beim Zählen von Datenpunkten bestimmte Bedingungen anzuwenden und so die Genauigkeit Ihrer Analyse zu verbessern. Die Funktion MODALWERT ist nützlich, um den häufigsten Wert in einem Datensatz zu identifizieren, während die Funktion VARIANZ einen Einblick in die Streuung und Variabilität der Datenpunkte bietet. Diese Funktionen sind für eine umfassende statistische Analyse unerlässlich.

7.4. Textfunktionen (MTRANS, GLÄTTEN, TEXTVERKETTEN)

- **MTRANS:**

  o Diese Funktion vertauscht die Zeilen und Spalten eines Bereichs.

  o **Format:** = MTRANS(Bereich) (Abb. 7.8).

Beispiel für MTRANS

Angenommen, Sie haben die folgenden Daten in einem Bereich:

A	B	C
1	2	3
4	5	6

Mit der Funktion TRANSPOSE können Sie die Zeilen und Spalten dieses Bereichs
vertauschen.

Transponieren der Formel:

=TRANSPONIEREN(A1:C2)

Ergebnis:

A	1	4
B	2	5
C	3	6

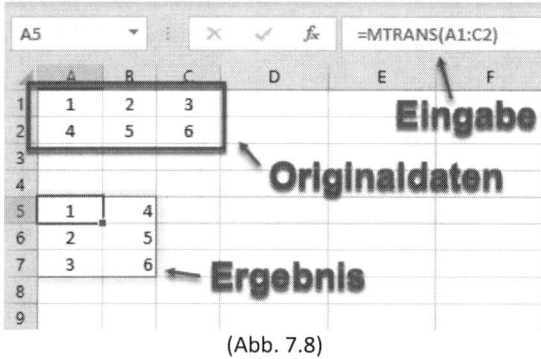

(Abb. 7.8)

Wählen Sie in Excel den Bereich aus, in dem Sie die transponierten Daten platzieren
möchten, geben Sie dann die Formel ein und drücken Sie Strg+Umschalt+Eingabe, um sie
als Array-Formel zu bestätigen (für Excel-Versionen vor Office 365).

GLÄTTEN:

1. Mit dieser Funktion werden zusätzliche Leerzeichen aus dem Text entfernt.
2. Format: = GLÄTTEN(text) (Abb. 7.9).

Beispiel für GLÄTTEN

Mit der Funktion TRIM können Sie die zusätzlichen Leerzeichen aus dem Text entfernen.

Ursprünglicher Text:
" Hallo Welt Hallo Welt "
GLÄTTEN-Formel:
=TRIM(B2)
Ergebnis:
"Hallo Welt Hallo Welt"

(Abb. 7.9)

Ausführliche Erläuterung: Die GLÄTTEN-Funktion ist nützlich, um Textdaten zu bereinigen, indem zusätzliche Leerzeichen entfernt werden, was bei der Standardisierung und der Vorbereitung von Daten für die Analyse hilfreich sein kann.

Tipp: Verwenden Sie die Funktion GLÄTTEN, um Textfelder zu bereinigen und überflüssige Leerzeichen zu entfernen, um sicherzustellen, dass Ihre Textdaten konsistent und einfacher zu bearbeiten sind.

TEXTVERKETTEN:
1. Diese Funktion fügt Text aus mehreren Bereichen und/oder Zeichenketten zusammen und fügt ein Trennzeichen zwischen den einzelnen Textwerten ein.
2. Format: = TEXTVERKETTEN(delimiter, ignore_empty, text1, [text2], ...) (Abb. 7.10).

Beispiel für TEXTVERKETTEN

Angenommen, Sie haben die folgenden Textwerte in den Zellen A1, A2 und A3:

A1	Apfel
A2	Banane
A3	Kirsche

Mit der Funktion TEXTVERKETTEN können Sie diese Textwerte mit einem Begrenzungszeichen kombinieren.

TEXTVERKETTEN Formel:
= TEXTVERKETTEN(", ", TRUE, A1, A2, A3)

Ergebnis:

"Apfel, Banane, Kirsche"

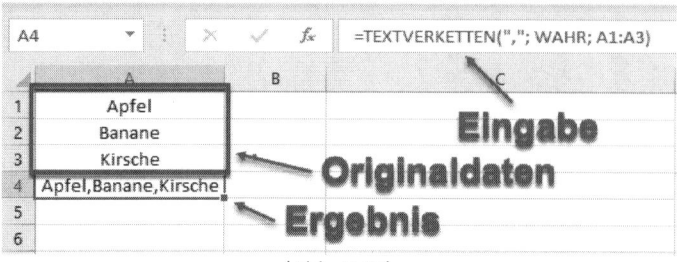

(Abb. 7.10)

Ausführliche Erläuterung: Die Funktion TEXTVERKETTEN ist nützlich, um Text aus mehreren Zellen in einer einzigen Zelle zusammenzufassen, wobei zwischen den einzelnen Textwerten ein bestimmtes Begrenzungszeichen gesetzt wird. Außerdem können Sie damit festlegen, ob leere Zellen ignoriert werden sollen. Textfunktionen werden im Allgemeinen zur Bearbeitung und Formatierung von Textdaten verwendet. Sie sind nützlich, um Texteingaben zu bereinigen und dynamische Textstrings zu erstellen.

Tipp: Verwenden Sie die Funktion TEXTVERKETTEN, um Textwerte aus mehreren Zellen effizient miteinander zu verknüpfen, was die Erstellung umfassender und gut formatierter Textzeichenfolgen erleichtert. Dies ist besonders nützlich für die Erstellung von Listen oder die Verkettung von Daten für Berichtszwecke. Verwenden Sie außerdem die Funktion GLÄTTEN, um aus anderen Quellen importierte Daten zu bereinigen, die möglicherweise unregelmäßige Abstände enthalten.

7.5. Finanzielle Funktionen (BW, ZW, NBW, DIA)

BW (Barwert):
1. Diese Funktion berechnet den Barwert der zukünftigen Cashflows.
2. **Format:** = BW(rate, nper, pmt, [fv], [type]) (Abb. 7.11).

Aufgabe: Sie erwägen, in einen Altersvorsorgeplan zu investieren, der für die nächsten 20 Jahre, beginnend mit Ihrem Renteneintrittsjahr, jährliche Auszahlungen von 20.000 € vorsieht. Berechnen Sie unter der Annahme eines jährlichen Zinssatzes von 4 % den Gegenwartswert dieser künftigen Zahlungen, um die heute erforderliche Anfangsinvestition zu bestimmen.

Format:
= BW(rate, nper, pmt, [fv], [type])

Parameter:

- Satz: Der Zinssatz pro Periode.

- nper: Die Gesamtzahl der Zahlungsperioden.

- pmt: Die in jeder Periode geleistete Zahlung; sie bleibt während der gesamten Laufzeit der Rente konstant.

- [fv]: (Optional) Der künftige Wert oder Bargeldbestand nach der letzten Zahlung. Wird er nicht angegeben, ist er standardmäßig 0.

- [Typ]: (fakultativ) Wann die Zahlungen fällig sind:

- 0 oder weggelassen: Zahlungen am Ende des Zeitraums (normale Rente).
- 1: Zahlungen zu Beginn des Zeitraums (fällige Annuität).

Beispiel:

Parameter	Wert
Bewerten Sie	4%
Nper	20
Pmt	-20000
Fv	0
Typ	0

Formel:
= BW(0.04, 20, -20000, 0, 0)

Ergebnis:
Der Gegenwartswert einer Investition mit einem jährlichen Zinssatz von 4 %, die 20 Jahre lang jährlich 20.000 € einbringt und keinen zukünftigen Wert hat, beträgt etwa 236.192,77 €.

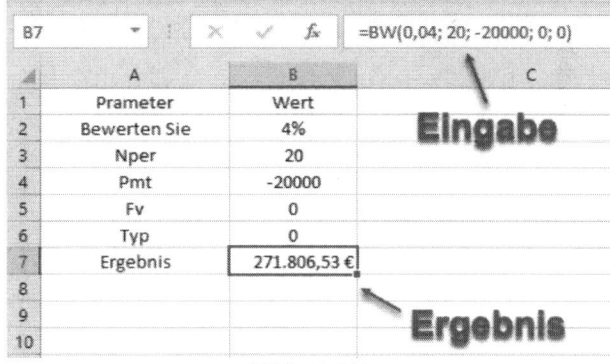

(Abb. 7.11)

ZW(Future Value):

1. Mit dieser Funktion wird der zukünftige Wert einer Investition berechnet.
2. **Format:** = ZW(rate, nper, pmt, [pv], [type]) (Abb. 7.12).

Aufgabe: Sie planen, jährlich 5.000 € in einen Rentenfonds zu investieren, der für die nächsten 25 Jahre einen jährlichen Zinssatz von 8 % verspricht. Berechnen Sie den zukünftigen Wert Ihrer Investition, um festzustellen, wie viel Sie am Ende des Anlagezeitraums gespart haben werden.

Parameter:

1. Satz: Der Zinssatz pro Periode.

2. nper: Die Gesamtzahl der Zahlungsperioden.

3. pmt: Die in jeder Periode geleistete Zahlung; sie bleibt während der gesamten Laufzeit der Rente konstant.

4. [pv]: (Optional) Der Gegenwartswert oder Gesamtbetrag, den eine Reihe künftiger Zahlungen jetzt wert ist. Wird er weggelassen, ist er standardmäßig 0.

5. [Typ]: (fakultativ) Wann die Zahlungen fällig sind:

   - 0 oder weggelassen: Zahlungen am Ende des Zeitraums (normale Rente).
   - 1: Zahlungen zu Beginn des Zeitraums (fällige Annuität).

Beispiel:

Parameter	Wert
Bewerten Sie	8%
Nper	25
Pmt	-5000
Pv	0
Typ	0

Formel:
= ZW(0.08, 25, -5000, 0, 0)

Ergebnis:
Der zukünftige Wert einer Investition von €5.000 über 25 Jahre zu einem jährlichen Zinssatz von 8% beträgt etwa €36529,70.

(Abb. 7.12)

NBW (Nettogegenwartswert):

Diese Funktion berechnet den Nettogegenwartswert einer Investition auf der Grundlage einer Reihe von Cashflows und eines Abzinsungssatzes.

Format:
= NBW(rate, cash_flows) + Initial_Investment (Abb. 7.13).

Parameter:

- Satz: Der Abzinsungssatz für eine Periode.

- cash_flows: Die Reihe der Zahlungsströme, die die Erträge oder Zahlungen während des Investitionszeitraums darstellen.

- Anfängliche_Investition: Die anfänglichen Barauslagen zu Beginn der Investition.

Empfehlungen:

- Verwenden Sie diese Funktion, um die Rentabilität einer Investition oder eines Projekts zu bewerten.

- Achten Sie darauf, dass die Zahlungsströme in der richtigen Reihenfolge eingegeben werden, die den tatsächlichen Zeitpunkt der Zahlungen widerspiegelt.

Aufgabe: Sie erwägen eine Investition, die einen anfänglichen Aufwand von 10.000 € erfordert und in den nächsten 5 Jahren eine jährliche Rendite von 3.000 € verspricht. Berechnen Sie den Nettogegenwartswert dieser Investition unter Verwendung eines Abzinsungssatzes von 7 %, um festzustellen, ob es sich um eine lohnende Investition handelt.

Beispiel:

Jahr	Cash Flow
0	-10000
1	3000
2	3000
3	3000
4	3000
5	3000

- **Formel:**
  = NBW(0,07, 3000, 3000, 3000, 3000, 3000) - 10000

- **Ergebnis:**
  Der Nettogegenwartswert dieser Investition mit einem Abzinsungssatz von 7 %
  beträgt etwa 2.150,09 €.

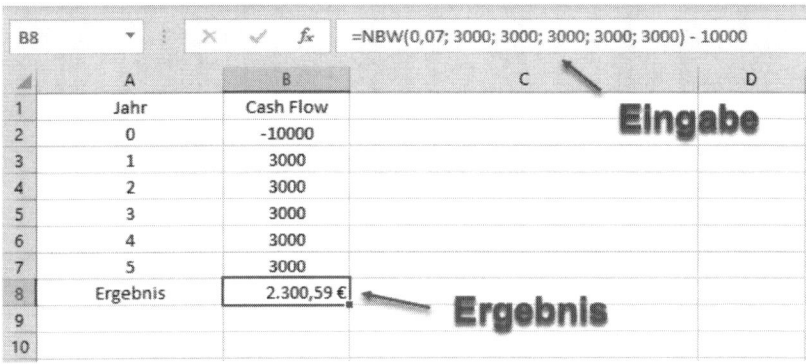

(Abb. 7.13)

DIA (Summe der Jahresziffern)

Diese Funktion berechnet die Abschreibung eines Wirtschaftsguts auf der Grundlage der
Jahressummenmethode, die die Abschreibung beschleunigt, indem sie einen
abnehmenden Bruchteil der abschreibungsfähigen Kosten über die Lebensdauer des
Wirtschaftsguts anwendet.

Format:
= DIA(cost, salvage, life, per) (Abb. 7.14).

Parameter:

1. Kosten: Die Anschaffungskosten des Vermögenswerts.

2. Restwert: Der Wert des Vermögensgegenstands am Ende seiner Nutzungsdauer.

3. Lebensdauer: Die Nutzungsdauer des Vermögenswerts (in Jahren).

4. pro: Der Zeitraum, für den die Abschreibung berechnet wird.

Empfehlungen:

- Verwenden Sie diese Funktion für Anlagen, die in den ersten Jahren ihrer Nutzungsdauer schnell an Wert verlieren.

- Stellen Sie sicher, dass die Zeiträume konsistent sind (z. B. jährliche Zeiträume für jährliche Abschreibungen).

Aufgabe: Sie haben eine Maschine für 50.000 € gekauft, von der Sie erwarten, dass sie am Ende ihrer 10-jährigen Nutzungsdauer einen Restwert von 5.000 € hat. Berechnen Sie den Abschreibungsaufwand für das dritte Jahr nach der Ziffernsummenmethode.

Beispiel:

Parameter	Wert
Kosten	50000
Bergung	5000
Leben	10
Zeitraum	3

Formel:
= DIA(50000, 5000, 10, 3)

Ergebnis:
Der Abschreibungsaufwand für das dritte Jahr beträgt etwa 6.545,45 €.

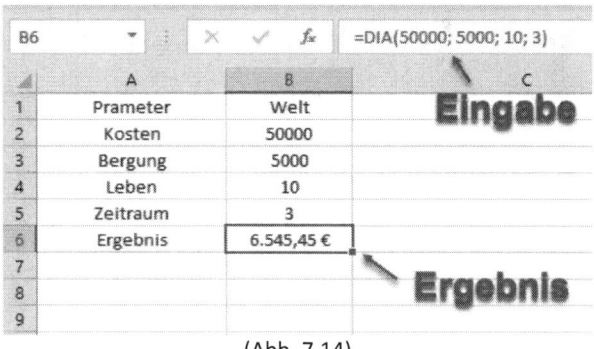

(Abb. 7.14)

Ausführliche Erläuterung: Finanzfunktionen helfen bei der Analyse von Finanzdaten, bei der Berechnung von Werten im Zusammenhang mit Investitionen und bei der Beurteilung der Abschreibung von Anlagen.

Tipp: Verwenden Sie die Finanzfunktionen, um eine gründliche Finanzanalyse durchzuführen, die es Ihnen erleichtert, Investitionsmöglichkeiten und Finanzstrategien zu bewerten.

Kapitel 8: Arbeiten mit Datum und Uhrzeit

8.1. Datums- und Zeitformate

In Excel können Sie Datums- und Zeitangaben auf verschiedene Weise eingeben und formatieren. Sie können das Format wählen, das Ihren Bedürfnissen am besten entspricht.

Ausführliche Erläuterung: Excel erkennt Datums- und Zeitangaben als fortlaufende Nummern, was eine breite Palette von Formatierungen und Berechnungen ermöglicht. Für eine genaue Datendarstellung und -analyse ist es wichtig zu wissen, wie man diese richtig formatiert.

Tipp: Verwenden Sie immer die Datums- und Zeitformate von Excel, um Konsistenz zu gewährleisten und Fehler bei Berechnungen zu vermeiden.

8.2. Datumsfunktionen (HEUTE, JETZT, DATUM, JAHR, MONAT, TAG)

- **HEUTE:**
    - Diese Funktion gibt das aktuelle Datum zurück.
    - **Format: = HEUTE()**

- **JETZT:**
    - Diese Funktion gibt das aktuelle Datum und die Uhrzeit zurück.
    - **Format: = JETZT()**

- **DATUM:**
    - Diese Funktion erstellt ein Datum aus den angegebenen Jahres-, Monats- und Tageswerten.
    - **Format: = DATUM(Jahr, Monat, Tag)**

- **JAHR:**
    - Diese Funktion extrahiert das Jahr aus einem Datum.
    - **Format: = JAHR(Datum)**

- **MONAT:**
    - Diese Funktion extrahiert den Monat aus einem Datum.

- ○ **Format:** =MONAT(Datum)

- **TAG:**

  - ○ Diese Funktion extrahiert den Tag aus einem Datum.

  - ○ **Format:** = TAG(Datum)

Ausführliche Erläuterung: Diese Funktionen sind für die Arbeit mit Datumsangaben in Excel unerlässlich. Sie helfen dabei, bestimmte Teile eines Datums zu extrahieren und datumsbezogene Berechnungen durchzuführen.

Tipp: Verwenden Sie die Funktionen HEUTE und JETZT für dynamische Datums- und Zeitangaben, die automatisch aktualisiert werden.

8.3. Zeitfunktionen (STUNDE, MINUTE, SEKUNDE)

STUNDE:

- **Beschreibung:** Diese Funktion extrahiert die Stunde aus einer Uhrzeit.

- **Format:** = STUNDE(Zeit)

- **Beispiel:** Wenn Zelle A1 die Uhrzeit 14:35:50 enthält, gibt die Formel = STUNDE (A1) 14 zurück.

MINUTE:

- **Beschreibung:** Diese Funktion extrahiert die Minuten aus einer Uhrzeit.

- **Format:** =MINUTE(Zeit)

- **Beispiel:** Wenn Zelle A1 die Zeit 14:35:50 enthält, gibt die Formel =MINUTE(A1) 35 zurück.

SEKUNDE:

- **Beschreibung:** Diese Funktion extrahiert die Sekunden aus einer Zeitangabe.

- **Format:** = SEKUNDE(Zeit)

- **Beispiel:** Wenn Zelle A1 die Zeit 14:35:50 enthält, gibt die Formel = SEKUNDE(A1) die Zahl 50 zurück.

In der folgenden Tabelle sind die Beispiele zusammengefasst:

Zeit	STUNDE-Formel	Ergebnis	MINUTE-Formel	Ergebnis	SEKUNDE Formel	Ergebnis
14:35:50	= STUNDE(A1)	14	=MINUTE(A1)	35	= SEKUNDE(A1)	50

Ausführliche Erläuterung: Mit den Zeitfunktionen können Sie einen Zeitwert in seine Bestandteile (Stunden, Minuten, Sekunden) zerlegen, was für detaillierte Zeitanalysen und Berechnungen nützlich sein kann.

Tipp: Kombinieren Sie Datums- und Zeitfunktionen, um umfassende Datum-Zeit-Analysen durchzuführen, z. B. die Berechnung der Dauer zwischen zwei Zeitstempeln.

Teil IV
Visualisierungen erstellen

Kapitel 9: Erstellen von Diagrammen

9.1. Einführung in Excel-Diagramme

Diagramme in Excel sind ein leistungsstarkes Werkzeug zur Visualisierung von Daten. Sie helfen, Informationen besser zu verstehen und zu analysieren, indem sie sie in einem grafischen Format darstellen. Excel bietet viele Arten von Diagrammen, die jeweils für unterschiedliche Zwecke geeignet sind (Abb. 9.1).

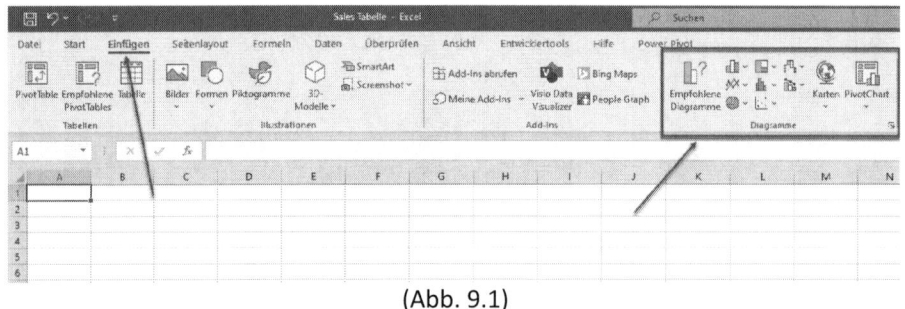

(Abb. 9.1)

Ausführliche Erläuterung: Diagramme wandeln Rohdaten in visuelle Darstellungen um, so dass Muster und Trends leichter zu erkennen sind. Dies ist besonders nützlich für Präsentationen und Berichte, bei denen Daten klar und effektiv kommuniziert werden müssen.

Tipp: Wählen Sie den Diagrammtyp, der am besten zur Art Ihrer Daten und zu der Geschichte passt, die Sie erzählen möchten.

9.2. Arten von Diagrammen

Excel bietet eine Vielzahl von Diagrammtypen:

- **Liniendiagramme:**

    o   Ideal für die Darstellung von Datenänderungen im Zeitverlauf.

- **Säulendiagramme:**

    o   Gut geeignet für den Vergleich einzelner Artikel.

- **Histogramme:**

    o   Dient zur Darstellung der Datenverteilung.

- **Kreisdiagramme:**

- o   Geeignet für die Darstellung von Teilen eines Ganzen.

- **Streudiagramme:**

    - o   Dient zur Anzeige von Beziehungen zwischen zwei Datensätzen.

- **Kombinationsdiagramme:**

    - o   Eine Mischung aus verschiedenen Diagrammtypen.

Ausführliche Erläuterung: Jeder Diagrammtyp dient einem bestimmten Zweck und eignet sich am besten für bestimmte Arten von Daten. Liniendiagramme eignen sich z. B. hervorragend für Zeitreihendaten, während Kreisdiagramme nützlich sind, um Proportionen darzustellen.

Tipp: Experimentieren Sie mit verschiedenen Diagrammtypen, um herauszufinden, welches Ihre Daten am besten visualisiert. Die Funktion "Empfohlene Diagramme" von Excel kann Ihnen hilfreiche Vorschläge machen.

9.3. Erstellen und Anpassen von Diagrammen

So erstellen Sie ein Diagramm:

1. **Wählen Sie die Daten aus, die** Sie für das Diagramm verwenden möchten. Nehmen Sie zum Beispiel an, Sie haben die folgenden Daten in Ihrem Arbeitsblatt:

Monat	Vertrieb
Jan	5000
Februar	6000
März	7000
Apr.	8000

2. **Gehen Sie auf die Registerkarte "Einfügen"** und wählen Sie den Diagrammtyp. In diesem Beispiel werden wir ein Säulendiagramm erstellen:

    - o   Wählen Sie den Bereich A1

    - .

    - o   Gehen Sie auf die Registerkarte "Einfügen".

    - o   Klicken Sie in der Gruppe Diagramme auf das Symbol "Säulendiagramm" und wählen Sie den Diagrammtyp "Clustered Column" (Abb. 9.2).

So passen Sie ein Diagramm an:

1. **Klicken Sie auf das Diagramm**, um es auszuwählen.

2. **Verwenden Sie die Registerkarten "Design" und "Format"**, um Stile, Farben und andere Einstellungen zu ändern:

   o **Registerkarte Design:** Wenden Sie vordefinierte Stile an, um Ihrem Diagramm ein professionelles Aussehen zu verleihen.

   ▪ Wählen Sie zum Beispiel einen Diagrammstil mit einem einheitlichen Farbschema, das zum Thema Ihres Dokuments passt.

   o **Registerkarte Format:** Nehmen Sie detaillierte Anpassungen an Elementen wie Achsenbeschriftungen, Titeln und Datenreihen vor.

   ▪ Ändern Sie zum Beispiel die Farbe der Spalten, um die Daten optisch ansprechender zu gestalten (Abb. 9.2).

Beispiel:

Betrachten Sie die folgenden Daten und Schritte zum Erstellen und Anpassen eines Säulendiagramms:

Daten:

Monat	Vertrieb
Jan	5000
Februar	6000
März	7000
Apr.	8000

Schritte zum Erstellen und Anpassen des Diagramms:

1. Wählen Sie den Bereich A1:B4

2. Gehen Sie auf die Registerkarte "Einfügen" und wählen Sie ein "Clustered Column"-Diagramm

3. Klicken Sie auf das Diagramm, um es auszuwählen.

4. Verwenden Sie die Registerkarte "Design", um einen vordefinierten Stil anzuwenden. Wählen Sie zum Beispiel einen Stil, der die Spalten mit verschiedenen Blautönen hervorhebt.

5. Verwenden Sie die Registerkarte "Format", um die Farbe der Spalten auf grün zu ändern und die Achsentitel zur besseren Übersichtlichkeit anzupassen.

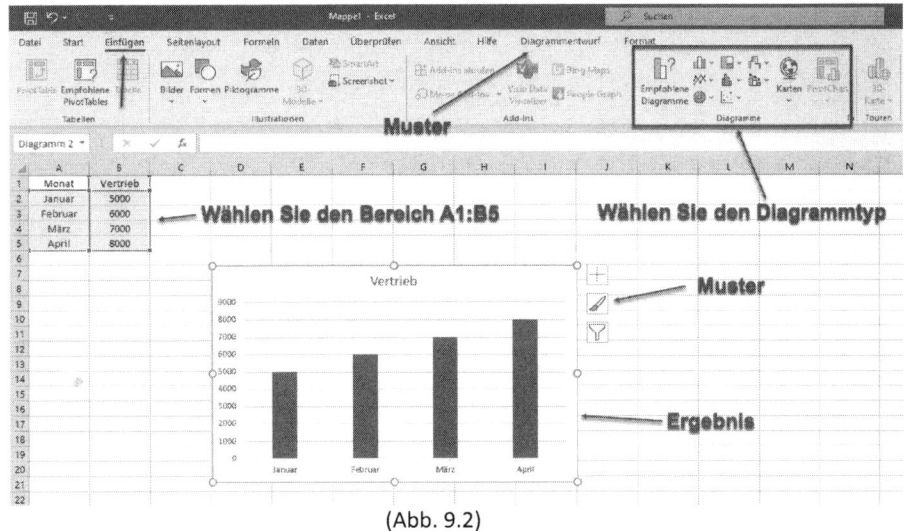

(Abb. 9.2)

Ausführliche Erläuterung: Durch die Anpassung von Diagrammen können Sie das Erscheinungsbild und die Funktionalität besser an Ihre Bedürfnisse anpassen und das Diagramm lesbarer und optisch ansprechender gestalten.

Tipp: *Verwenden Sie die Registerkarte "Design", um vordefinierte Stile anzuwenden, und die Registerkarte "Format" für detaillierte Anpassungen. Konsistente Farbschemata und Stile verbessern die Gesamtdarstellung.*

9.4. Umschalten von Zeilen und Spalten in einem Diagramm

So wechseln Sie Zeilen und Spalten in einem Diagramm:

1. Wählen Sie die Karte aus.

2. Gehen Sie auf die Registerkarte "Design" und klicken Sie auf "Zeile/Spalte tauschen " (Abb. 9.3).

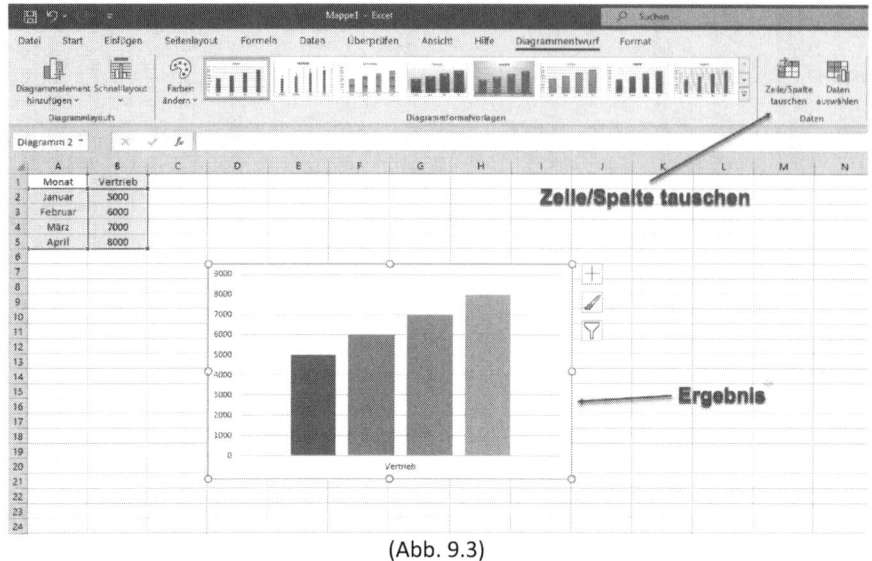

(Abb. 9.3)

Ausführliche Erläuterung: Durch das Umschalten von Zeilen und Spalten kann die Darstellung der Daten im Diagramm verändert werden, was eine klarere oder aussagekräftigere Sicht auf die Daten ermöglichen kann.

Tipp: Mit dieser Funktion können Sie schnell mit verschiedenen Datenausrichtungen experimentieren, um die effektivste Visualisierung zu finden.

9.5. Größenänderung von Diagrammen und Formatierungselementen

So ändern Sie die Größe eines Diagramms:

1. Klicken Sie auf das Diagramm, um es auszuwählen.

2. Ziehen Sie die Ecken oder Kanten des Diagramms, um seine Größe zu ändern (Abb. 9.4).

So formatieren Sie Diagrammelemente:

1. Klicken Sie mit der rechten Maustaste auf ein Element (z. B. eine Achse, eine Legende oder eine Datenreihe) und wählen Sie "Formatieren".

2. Verwenden Sie die verfügbaren Optionen, um das Aussehen des Elements anzupassen (Abb. 9.4).

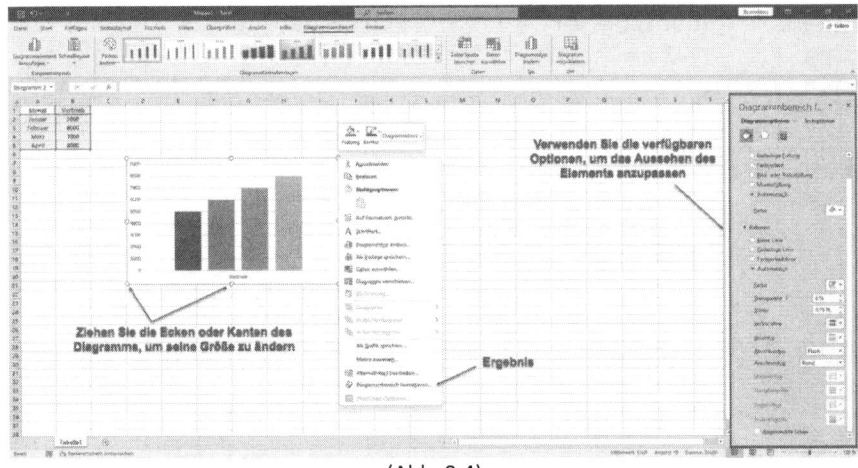

(Abb. 9.4)

Ausführliche Erläuterung: Die Größenanpassung und Formatierung von Diagrammelementen hilft dabei, das Diagramm besser in Ihr Arbeitsblatt zu integrieren und seine Lesbarkeit zu verbessern. Richtig formatierte Diagramme können die Interpretation der Daten erheblich verbessern.

Tipp: Achten Sie darauf, dass alle Diagrammelemente deutlich sichtbar und angemessen beschriftet sind. Verwenden Sie Formatierungsoptionen, um wichtige Datenpunkte und Trends hervorzuheben.

Kapitel 10: Bedingte Formatierung verwenden

10.1. Einführung in die bedingte Formatierung

Mit der bedingten Formatierung in Excel können Sie das Format von Zellen automatisch auf der Grundlage ihrer Werte ändern. Dies ist nützlich, um wichtige Informationen visuell hervorzuheben und Daten zu analysieren.

Ausführliche Erläuterung: Die bedingte Formatierung verbessert die Datenvisualisierung durch die Anwendung von Formatierungen wie Farben, Symbolen und Datenbalken auf Zellen, die bestimmte Kriterien erfüllen. Dadurch lassen sich Muster, Trends und Ausreißer in Ihren Daten leichter erkennen.

Tipp: Verwenden Sie bedingte Formatierungen, um die Aufmerksamkeit schnell auf wichtige Datenpunkte zu lenken und Ihre Arbeitsblätter interaktiver und informativer zu gestalten.

10.2. Erstellen von bedingten Formatierungsregeln

So erstellen Sie eine bedingte Formatierungsregel:

1. Wählen Sie den Bereich der Zellen aus, den Sie formatieren möchten.

2. Gehen Sie auf die Registerkarte "Start" und klicken Sie auf "Bedingte Formatierung".

3. Wählen Sie "Neue Regel" und legen Sie die Bedingungen fest. (Abb. 10.1).

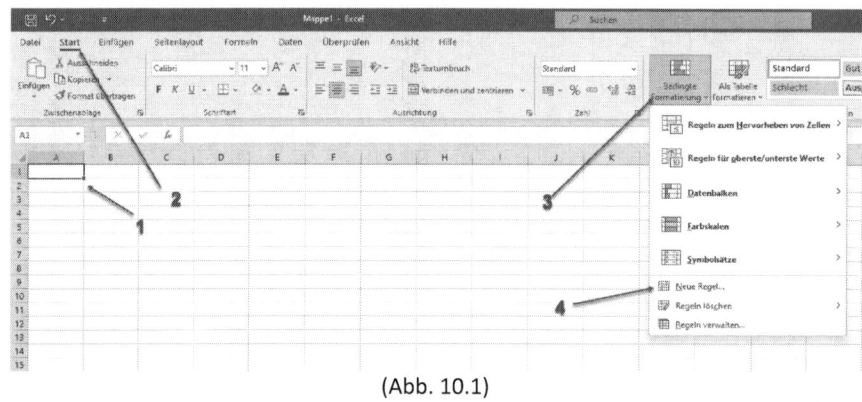

(Abb. 10.1)

Ausführliche Erläuterung: Beim Einrichten von Regeln für die bedingte Formatierung müssen Sie die Kriterien angeben, die die Formatierung auslösen. Sie können vordefinierte Regeln verwenden oder benutzerdefinierte Formeln erstellen, um bestimmte Formatierungen auf der Grundlage Ihrer Daten anzuwenden.

Tipp: Beginnen Sie mit einfachen Regeln und fügen Sie je nach Bedarf schrittweise mehr Komplexität hinzu. Sie können mehrere Regeln auf denselben Bereich anwenden, um eine differenziertere Formatierung zu erzielen.

10.3. Beispiele für die Verwendung der bedingten Formatierung

Hervorheben von Zellen mit bestimmten Werten:

- **Beispiel:** Markieren Sie alle Zellen mit Werten über 100 in Rot.

- **Format:** =A1>100

- **Schritte:**

  1. Wählen Sie den Bereich der Zellen aus, den Sie formatieren möchten. Wenn sich Ihre Daten zum Beispiel in Spalte A befinden, wählen Sie A1

2. Gehen Sie auf die Registerkarte "Start" und klicken Sie auf "Bedingte Formatierung".

3. Wählen Sie "Neue Regel".

4. Wählen Sie "Eine Formel zur Bestimmung der zu formatierenden Zellen verwenden".

5. Geben Sie die Formel =A1>100 ein.

6. Klicken Sie auf "Format", wählen Sie eine rote Füllfarbe und klicken Sie auf OK (Abb. 10.2).

Tipp: *Verwenden Sie diese Art der bedingten Formatierung, um schnell Werte zu identifizieren, die einen bestimmten Schwellenwert überschreiten, wie z. B. Verkaufsziele oder Budgetgrenzen.*

Beispielhafte Daten:

Wert
90
110
150
80
120

Formatierte Daten:

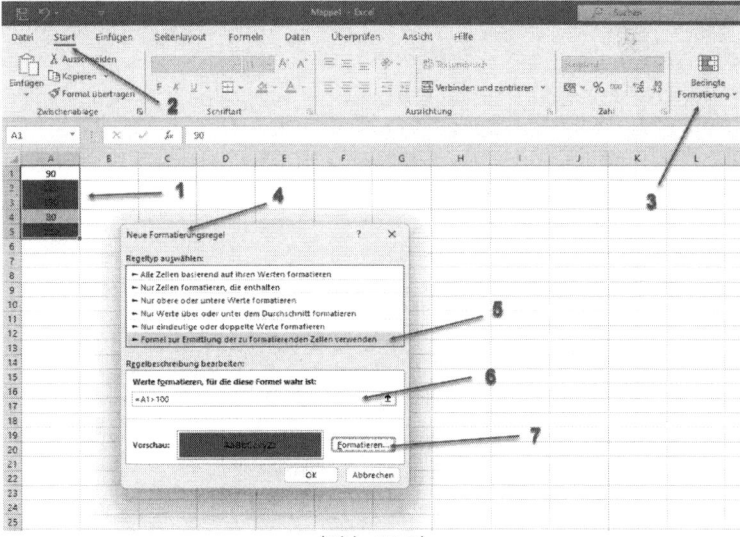

(Abb. 10.2)

Erstellen von Farbskalen:

- **Beispiel:** Verwenden Sie Verlaufsfüllungen, um einen Wertebereich zu visualisieren.

- **Format:** Wählen Sie eine zwei- oder dreifarbige Skala auf der Grundlage der Mindest-, Mittel- und Höchstwerte.

- **Schritte:**

  1. Wählen Sie den Bereich der Zellen aus, den Sie formatieren möchten.

  2. Gehen Sie auf die Registerkarte "Start" und klicken Sie auf "Bedingte Formatierung".

  3. Wählen Sie "Alle Zellen basierend auf ihren Werten formatieren".

  4. Wählen Sie "Formatvorlage".

  5. Wählen Sie eine zwei- oder dreifarbige Skala, die zu Ihren Daten passt (Abb. 10.3).

Tipp: Farbskalen sind besonders nützlich für Heatmaps und andere Arten von visuellen Analysen, bei denen relative Werte verglichen werden müssen.

Beispielhafte Daten:

Wert
10
50
90
130
170

Formatierte Daten mit Farbskala:

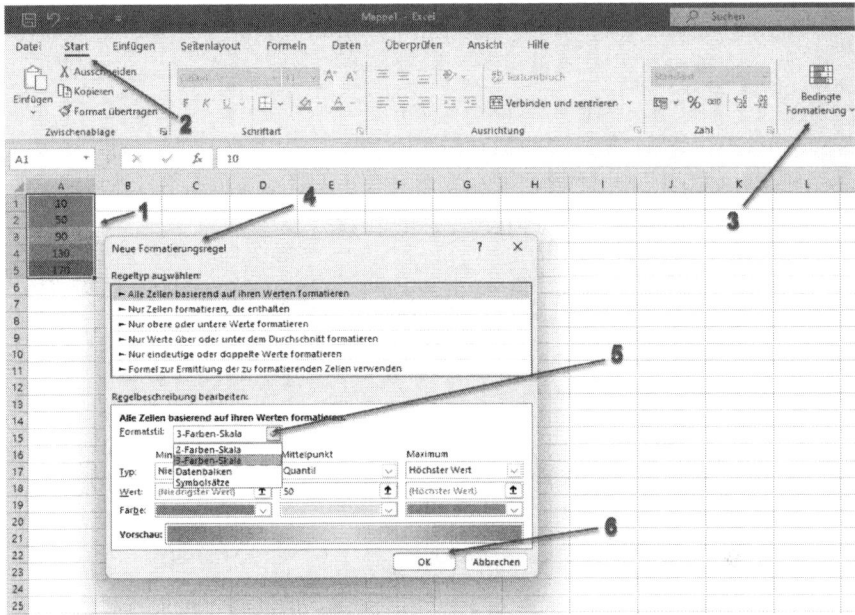

(Abb. 10.3)

Erstellen von Symbolsätzen:

- **Beispiel:** Anzeige von Symbolen zur Kennzeichnung von Trends oder Kategorien.

- **Format:** Wählen Sie aus verschiedenen Symbolsätzen wie Pfeilen, Ampeln oder Sternen, um verschiedene Wertebereiche darzustellen. (Abb. 10.4).

- **Schritte:**

    1. Wählen Sie den Bereich der Zellen aus, den Sie formatieren möchten.

    2. Gehen Sie auf die Registerkarte "Start" und klicken Sie auf "Bedingte Formatierung".

    3. Wählen Sie "Symbolsätze".

    4. Wählen Sie einen Icon-Satz, der zu Ihren Daten passt

- **Ausführliche Erläuterung:** Iconsets bieten eine schnelle visuelle Darstellung von Datenkategorien oder Trends. Sie sind nützlich für Dashboards und zusammenfassende Berichte.

Tipp: Verwenden Sie Symbole, um Informationen auf einen Blick zu vermitteln, z. B. Leistungskennzahlen oder Risikostufen. Dies hilft den Beteiligten, die Daten schnell zu verstehen, ohne dass sie detaillierte Zahlen lesen müssen.

Beispielhafte Daten:

Wert
30
60
90
120
150

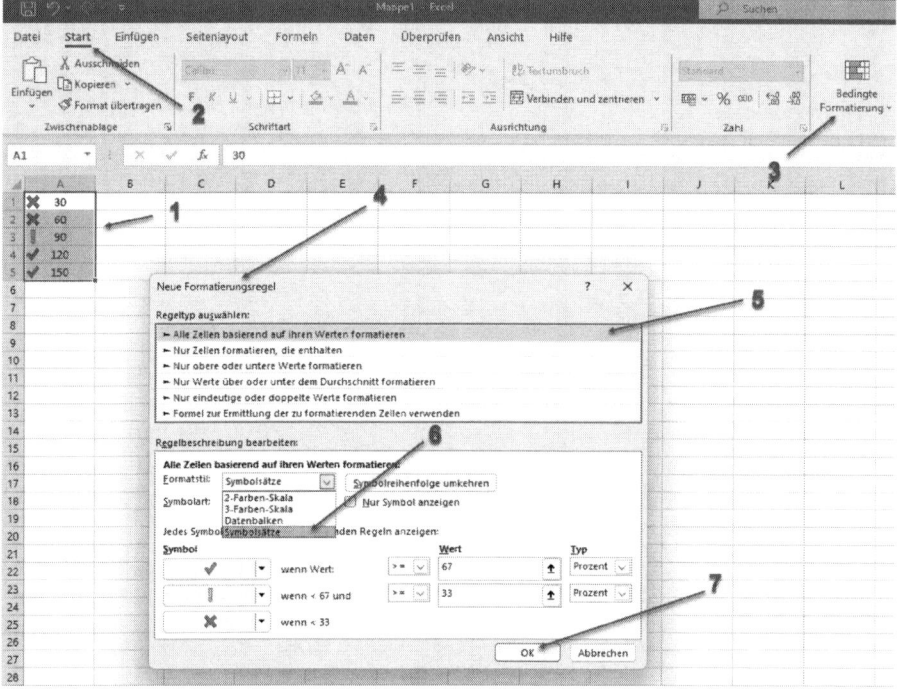

(Abb. 10.4)

Formatierte Daten mit Symbolsätzen:

Wenn Sie diese Beispiele befolgen, können Sie die bedingte Formatierung effektiv nutzen, um Ihre Datenanalyse und -präsentation in Excel zu verbessern.

Teil V
Verwalten und Analysieren von Daten

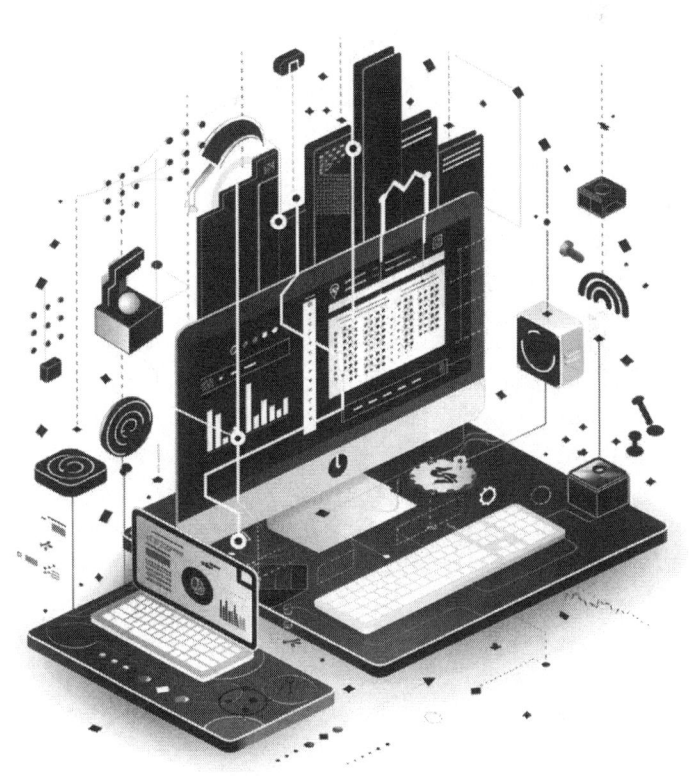

Kapitel 11: Sortieren und Filtern von Daten

11.1. Sortieren von Daten auf einem Arbeitsblatt

Das Sortieren von Daten ermöglicht es Ihnen, die Daten in einer Tabelle in aufsteigender oder absteigender Reihenfolge anzuordnen.

Zum Sortieren von Daten:

1. Wählen Sie die Spalte aus, die Sie sortieren möchten.

2. Gehen Sie auf die Registerkarte "Daten" und wählen Sie "Kleinste nach Größte sortieren" oder "Größte nach Kleinste sortieren" (Abb. 11.1).

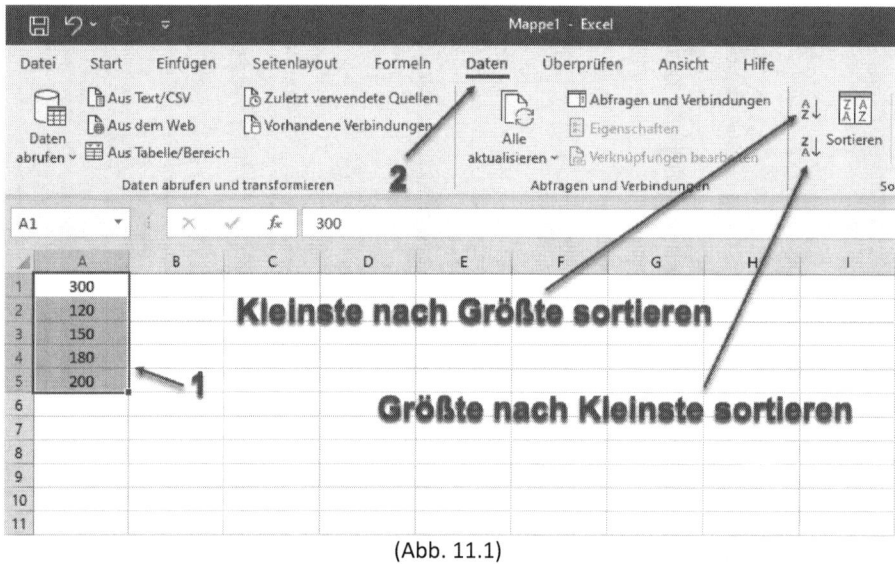

(Abb. 11.1)

Ausführliche Erläuterung: Das Sortieren hilft bei der Organisation von Daten, um Trends zu erkennen oder weitere Analysen vorzubereiten. Sie kann alphabetisch, numerisch oder nach Datum erfolgen.

Tipp: Sortieren Sie Daten, um bestimmte Informationen schnell aufzufinden oder um Daten in einer sinnvollen Reihenfolge anzuordnen, damit sie besser lesbar sind.

11.2. Daten filtern

Durch das Filtern von Daten können Sie nur die Zeilen anzeigen, die bestimmten Kriterien entsprechen.

Um die Filterung zu aktivieren:

1. **Wählen Sie den Datenbereich aus.**

    o Wählen Sie zum Beispiel den Bereich A1

       wenn Ihre Daten in den Spalten A und B stehen.

2. **Gehen Sie auf die Registerkarte "Daten"** und klicken Sie auf "Filter".

    o Dadurch wird jeder Spaltenüberschrift ein Dropdown-Pfeil hinzugefügt (Abb. 11.2).

3. **Klicken Sie auf den Pfeil in der Spaltenüberschrift** und wählen Sie die Filterkriterien aus.

    o Wenn Sie beispielsweise nach Umsätzen über 150 filtern möchten, klicken Sie auf den Pfeil in der Spalte "Umsatz", wählen Sie "Zahlenfilter" und setzen Sie die Kriterien auf "Größer als" 150 (Abb. 11.2).

Beispiel:

Angenommen, Sie haben die folgenden Daten in Ihrem Arbeitsblatt:

Produkt	Vertrieb
A	150
B	200
C	120
D	300
E	180

Schritte zum Filtern von Daten:

1. Wählen Sie den Bereich A1

2. Gehen Sie auf die **Registerkarte "Daten"** in der Multifunktionsleiste.

3. Klicken Sie auf **"Filter"**.

4. Klicken Sie auf den Pfeil in der Spaltenüberschrift "Umsatz".

5. Wählen Sie **"Zahlenfilter"** und dann **"Größer als..."**.

6. Geben Sie 150 als Kriterium ein und klicken Sie auf OK (Abb. 11.2).

Vor der Filterung:

Produkt	Vertrieb
A	150
B	200
C	120
D	300
E	180

Nach Filterung (Umsatz > 150):

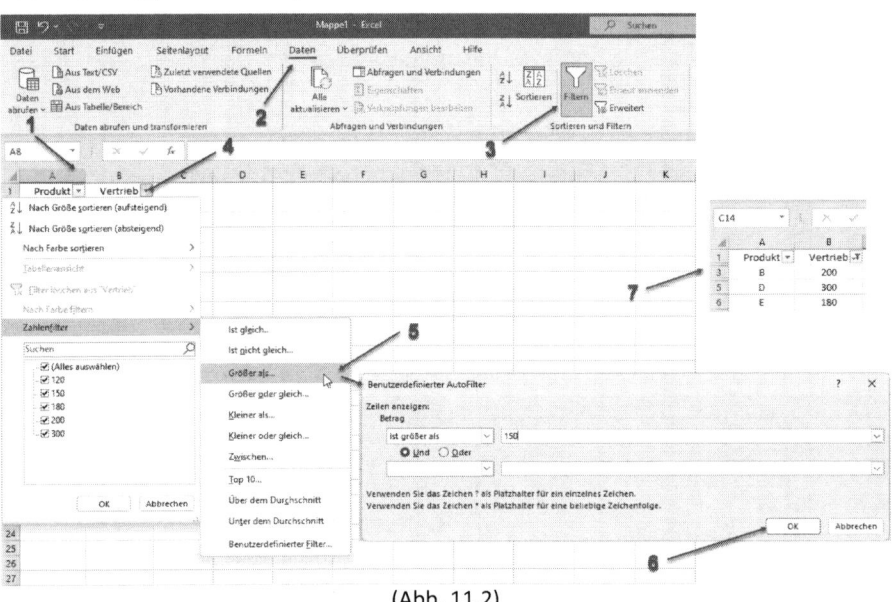

(Abb. 11.2)

Ausführliche Erläuterung: Das Filtern hilft dabei, sich auf bestimmte Datenpunkte zu konzentrieren, indem es die Zeilen ausblendet, die die Kriterien nicht erfüllen. Dies erleichtert die Analyse von Teilmengen Ihrer Daten.

Tipp: Verwenden Sie Filter, um große Datenmengen effizient zu verwalten, so dass Sie schnell nur die relevanten Informationen anzeigen können.

11.3. Verwendung von erweiterten Filtern

Erweiterte Filter ermöglichen es Ihnen, komplexere Filterbedingungen zu erstellen.
Um erweiterte Filter zu verwenden:
1. Gehen Sie auf die Registerkarte "Daten" und klicken Sie auf "Erweitert".
2. Legen Sie im Fenster "Erweiterter Filter" die Bedingungen für die Filterung fest (Abb. 11.3).

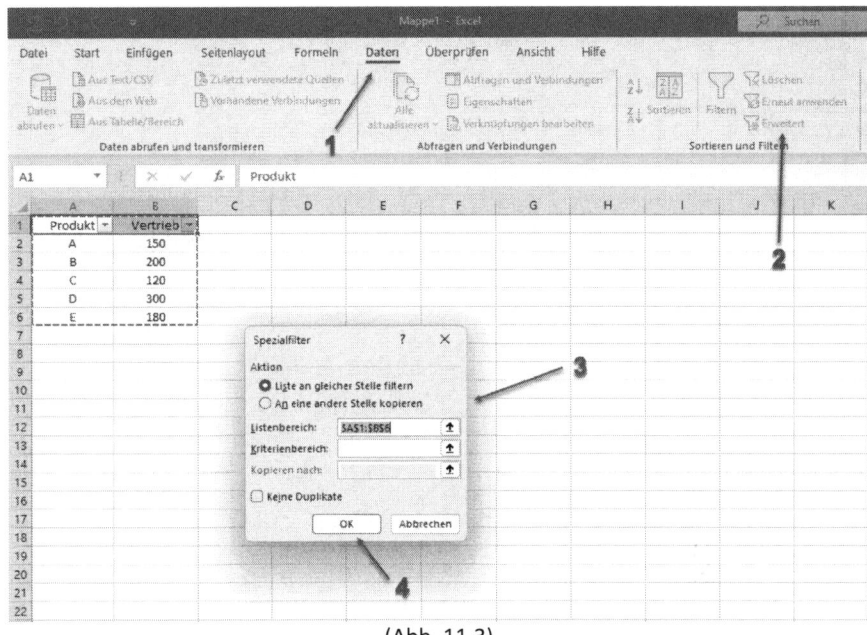

(Abb. 11.3)

Ausführliche Erläuterung: Erweiterte Filter bieten mehr Flexibilität als Standardfilter und ermöglichen die Verwendung komplexer Kriterien und die Extraktion bestimmter Datensätze.

Tipp: Verwenden Sie erweiterte Filter, wenn Sie mehrere Kriterien anwenden oder eine detailliertere Datenanalyse durchführen möchten.

11.4. Sortieren und Filtern mit bedingter Formatierung

Mit der bedingten Formatierung lassen sich Daten nach bestimmten Kriterien sortieren und filtern.

So verwenden Sie die bedingte Formatierung zum Sortieren und Filtern:

Bedingte Formatierung anwenden:

1. Wählen Sie den Bereich der Zellen aus, den Sie formatieren möchten.
2. Gehen Sie auf die **Registerkarte "Start"**, klicken Sie auf **"Bedingte Formatierung"** und wählen Sie **"Neue Regel"**.
3. Wählen Sie **"Eine Formel zur Bestimmung der zu formatierenden Zellen verwenden"**.
4. Geben Sie die gewünschte Formel ein, um die Kriterien festzulegen (z. B. =A1>150).
5. Klicken Sie auf **"Format"**, wählen Sie eine Füllfarbe oder andere Formatierungsoptionen und klicken Sie auf OK.

Daten auf der Grundlage von bedingter Formatierung sortieren:

1. Wählen Sie den Datenbereich einschließlich der Zellen aus, die Sie sortieren möchten.
2. Gehen Sie auf die **Registerkarte "Daten"** und klicken Sie auf **"Sortieren"**.
3. Wählen Sie im Dialogfeld **"Sortieren"** die Spalte, nach der Sie sortieren möchten.
4. Wählen Sie dann **"Zellenfarbe", "Schriftfarbe"** oder **"Zellsymbol"**, je nach der von Ihnen angewendeten bedingten Formatierung.
5. Wählen Sie die Reihenfolge (z. B. **"Oben"** oder **"Unten"**) und klicken Sie auf OK.

Ausführliche Erläuterung: Die Kombination von Sortierung, Filterung und bedingter Formatierung kann die Datenanalyse verbessern, indem wichtige Datenpunkte visuell hervorgehoben werden und sich leichter sortieren und filtern lassen. Mit der bedingten Formatierung können Sie visuelle Hinweise auf Ihre Daten anwenden, wie z. B. unterschiedliche Farben für verschiedene Wertebereiche. Durch Sortieren und Filtern auf der Grundlage dieser visuellen Hinweise können Sie wichtige Informationen in Ihrem Datensatz schnell identifizieren und analysieren.

Tipp: Wenden Sie zunächst eine bedingte Formatierung an, um die Daten hervorzuheben, und sortieren oder filtern Sie dann anhand der hervorgehobenen Werte, um wichtige Informationen schnell zu finden und zu analysieren. Dieser Ansatz hilft bei der effizienten Verwaltung großer Datensätze und macht die Datenanalyse intuitiver. Wenn Sie diese Schritte befolgen, können Sie die bedingte Formatierung zusammen mit der Sortierung und Filterung effektiv nutzen, um Ihre Datenanalyse in Excel zu verbessern.

Kapitel 12: Datenüberprüfung

12.1. Einführung in die Datenvalidierung

Mit der Datenüberprüfung können Sie Regeln für die Dateneingabe in Zellen festlegen und so Fehler vermeiden.

So richten Sie die Datenvalidierung ein:

1. **Wählen Sie die Zelle oder den Zellbereich aus**, in dem Sie die Datenüberprüfung durchführen möchten.

   o   Wählen Sie zum Beispiel die Zelle A1 oder den Bereich A1

       .

2. **Gehen Sie auf die Registerkarte "Daten"** in der Multifunktionsleiste.

   o   Klicken Sie in der Gruppe "Data Tools" auf **"Data Validation"**.

3. **Öffnen Sie das Dialogfeld Datenüberprüfung**:

   o   Klicken Sie auf **"Datenüberprüfung"** (Abb. 12.1).

4. **Legen Sie die Validierungskriterien fest**:

   o   Gehen Sie im Dialogfeld Datenüberprüfung auf die **Registerkarte "Einstellungen"**.

   o   Wählen Sie im Dropdown-Menü **"Zulassen"** den Datentyp aus, den Sie zulassen möchten (z. B. ganze Zahl, Dezimalzahl, Liste, Datum, Uhrzeit, Textlänge, Benutzerdefiniert).

   o   Legen Sie die **Kriterien** für den ausgewählten Datentyp fest. Zum Beispiel:

       ▪   Wenn Sie **"Ganze Zahl"** wählen, können Sie die Kriterien so einstellen, dass nur Zahlen zwischen 1 und 100 zulässig sind.

       ▪   Wenn Sie **"Liste"** wählen, können Sie eine durch Komma getrennte Liste gültiger Einträge eingeben.

5. **Fügen Sie eine Eingabemeldung hinzu (optional)**:

   o   Gehen Sie auf die **Registerkarte "Eingabe Nachricht"**.

   o   Aktivieren Sie das Kontrollkästchen **"Eingabemeldung anzeigen, wenn Zelle ausgewählt ist"**.

o Geben Sie einen **Titel** und eine **Eingabemeldung** ein, um den
     Benutzern zu zeigen, welche Daten sie eingeben sollen.

6. **Fügen Sie eine Fehlerwarnung hinzu (optional)**:

   o Gehen Sie auf die **Registerkarte "Fehlerwarnung"**.

   o Aktivieren Sie das Kontrollkästchen **"Fehlermeldung anzeigen, wenn
     ungültige Daten eingegeben wurden"**.

   o Wählen Sie einen **"Fehlerstil"** (Stopp, Warnung, Information).

   o Geben Sie einen **Titel** und eine **Fehlermeldung** ein, die angezeigt
     werden, wenn ungültige Daten eingegeben werden.

7. **Klicken Sie auf OK**, um die Einstellungen für die Datenüberprüfung zu
   übernehmen.

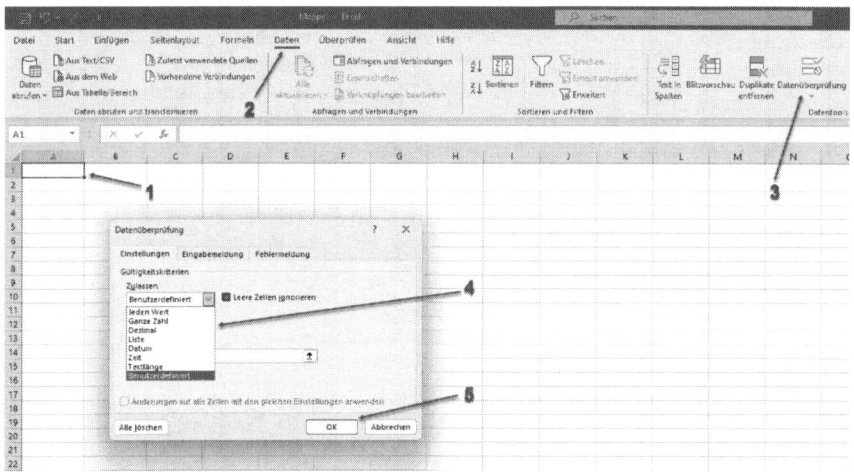

(Abb. 12.1)

Ausführliche Erläuterung: Die Datenüberprüfung stellt sicher, dass die Benutzer die Daten
korrekt eingeben, indem sie die Art der Daten oder den Bereich der Werte, die in eine
Zelle eingegeben werden können, einschränkt. Dies trägt dazu bei, die Datenintegrität und
-genauigkeit zu erhalten. Sie können beispielsweise Eingaben auf bestimmte Bereiche,
Daten oder benutzerdefinierte Kriterien beschränken und so die Wahrscheinlichkeit einer
falschen Dateneingabe verringern.

*Tipp: Verwenden Sie die Datenvalidierung, um Dateneingabestandards durchzusetzen, z. B.
die Beschränkung von Eingaben auf bestimmte Bereiche, Daten oder benutzerdefinierte
Kriterien. Dies ist wichtig, um saubere und genaue Datensätze zu erhalten, was für
Analysen und Berichte von entscheidender Bedeutung ist.*

12.3. Datenvalidierungslisten (Drop-Down-Menüs)

Mit Datenvalidierungslisten können Sie Dropdown-Menüs zur Auswahl von Werten erstellen.

So erstellen Sie eine Datenvalidierungsliste: (Abb. 12.2).

1. **Wählen Sie die Zellen aus, für die Sie das Dropdown-Menü einrichten möchten.**

- Wählen Sie zum Beispiel die Zelle A1 oder den Bereich A1
  .

2. **Gehen Sie auf die Registerkarte "Daten"** in der Multifunktionsleiste.

- Klicken Sie in der Gruppe "Data Tools" auf **"Data Validation"**.

3. **Im Fenster "Datenüberprüfung":**

Registerkarte Einstellungen:

- **Erlauben:** Wählen Sie **"Liste"** aus dem Dropdown-Menü.
- **Quelle:** Geben Sie die Werte für das Dropdown-Menü an. Sie können die Werte entweder direkt in das Feld **Quelle durch** Kommata getrennt eingeben (z. B. 1,2,3) oder einen Bereich von Zellen auswählen, der die Listenwerte enthält

Klicken Sie auf OK, um die Datenvalidierungsliste anzuwenden.

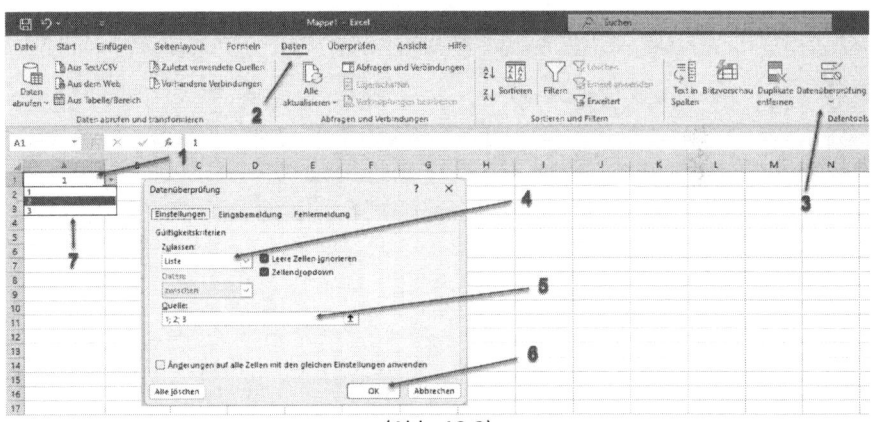

(Abb. 12.2)

Ausführliche Erläuterung: Dropdown-Listen machen die Dateneingabe einfacher und genauer, indem sie dem Benutzer eine vordefinierte Liste mit gültigen Einträgen zur Verfügung stellen. Dadurch wird die Wahrscheinlichkeit von Tippfehlern verringert und die Konsistenz der Daten gewährleistet. Indem Sie die Eingabe auf bestimmte Werte beschränken, können Sie die Datenintegrität und Standardisierung in Ihrem Arbeitsblatt aufrechterhalten.

Tipp: Verwenden Sie Datenvalidierungslisten für Felder mit einer begrenzten Anzahl gültiger Werte, wie z. B. Kategorien, Status oder Produktnamen. Diese Praxis ist besonders nützlich, um sicherzustellen, dass die Eingaben konsistent und fehlerfrei sind, was die Zuverlässigkeit der Datenverwaltung und -analyse erhöht.

12.4. Kopieren und Löschen von Datenvalidierungsregeln

Kopieren von Datenvalidierungsregeln:

Kopieren Sie die Zelle mit den Regeln:

- Wählen Sie die Zelle aus, die die zu kopierende Datenüberprüfungsregel enthält.
- Klicken Sie mit der rechten Maustaste auf die Zelle und wählen Sie **"Kopieren"** (oder drücken Sie Strg + C).

Fügen Sie die Regel mit "Einfügen spezial" in eine andere Zelle ein:

- Wählen Sie die Zielzelle oder den Zielbereich aus, auf den Sie dieselbe Datenüberprüfungsregel anwenden möchten.
- Klicken Sie mit der rechten Maustaste auf die Zielzelle und wählen Sie **"Spezial einfügen"**.
- Wählen Sie im Dialogfeld "Einfügen Spezial" die Option **"Validierung"** und klicken Sie auf OK.

Löschen von Datenvalidierungsregeln:

Gehen Sie auf die Registerkarte "Daten":

- Markieren Sie die Zellen, aus denen Sie die Datenüberprüfungsregeln entfernen möchten.

Klicken Sie auf "Datenüberprüfung":

- Klicken Sie in der Gruppe "Data Tools" auf **"Data Validation"**.

Klären Sie die Regeln:

- Klicken Sie im Dialogfeld "Datenüberprüfung" auf **"Alle löschen"**, um die Datenüberprüfungsregeln für die ausgewählten Zellen zu entfernen.

Ausführliche Erläuterung: Das Kopieren von Datenüberprüfungsregeln ermöglicht es Ihnen, dieselben Überprüfungskriterien auf mehrere Zellen anzuwenden, ohne die Regeln manuell neu eingeben zu müssen. Das spart Zeit und sorgt für Konsistenz in Ihrem Arbeitsblatt. Das Löschen von Datenüberprüfungsregeln hebt alle Einschränkungen auf und ermöglicht eine uneingeschränkte Dateneingabe. Dies kann nützlich sein, wenn die Überprüfungskriterien nicht mehr anwendbar sind oder aktualisiert werden müssen.

Tipp: Überprüfen und aktualisieren Sie Ihre Datenvalidierungsregeln regelmäßig, um sicherzustellen, dass sie relevant und effektiv bleiben, wenn sich Ihre Daten und Anforderungen ändern. Dies trägt dazu bei, die Datenintegrität und -genauigkeit im Laufe der Zeit zu erhalten.

Teil VI
Schutz von Daten

Kapitel 13: Datenschutz

13.1. Arbeitsblatt und Arbeitsmappe schützen

Durch den Schutz eines Arbeitsblatts und einer Arbeitsmappe können Sie die Möglichkeit einschränken, Daten zu ändern.

Um ein Arbeitsblatt zu schützen:

1. Gehen Sie auf die Registerkarte "Überprüfung" und klicken Sie auf "Blatt schützen".

2. Legen Sie ein Passwort fest und wählen Sie Schutzoptionen (Abb. 13.1).

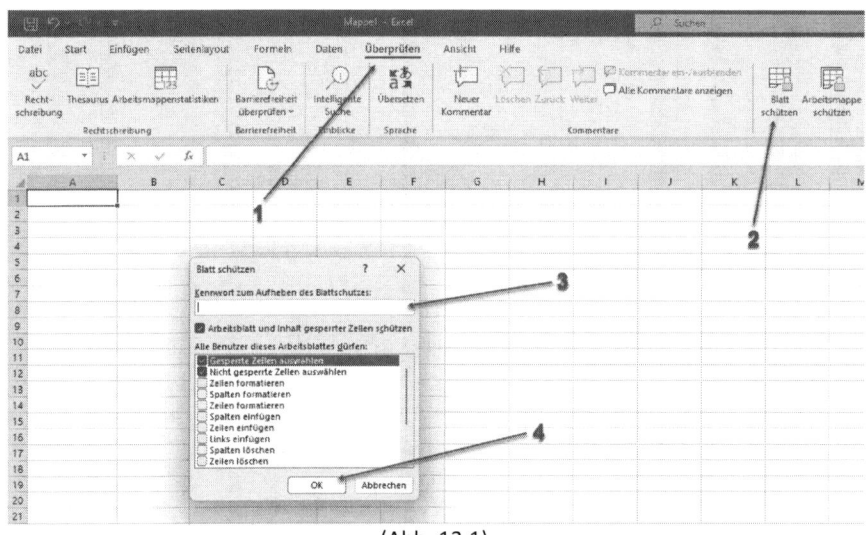

(Abb. 13.1)

Um eine Arbeitsmappe zu schützen:

1. Gehen Sie zur Registerkarte "Überprüfung" und klicken Sie auf " "Arbeitsmappe schützen". "

2. Legen Sie ein Passwort fest und wählen Sie Schutzoptionen (Abb. 13.2).

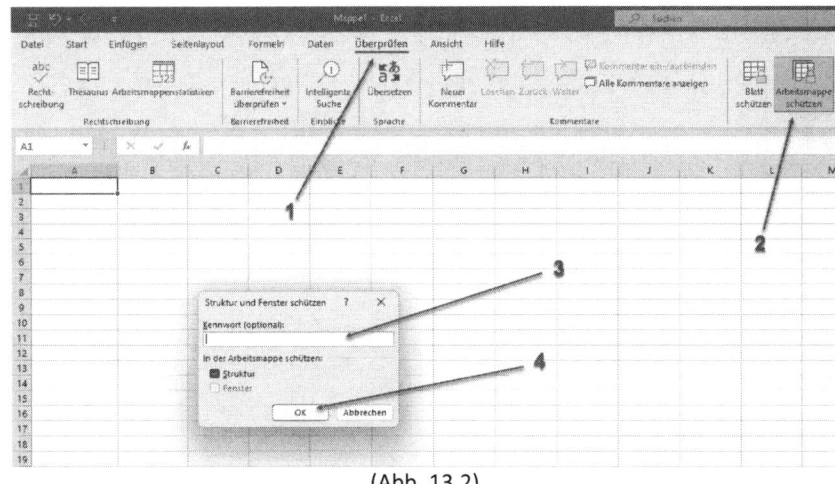

(Abb. 13.2)

Ausführliche Erläuterung: Der Arbeitsblattschutz verhindert, dass Benutzer unbefugte Änderungen an der Struktur und dem Inhalt Ihres Arbeitsblatts vornehmen, während der Arbeitsmappenschutz die Gesamtstruktur der Arbeitsmappe, einschließlich der Anordnung der Blätter, schützt.

Tipp: Verwenden Sie den Arbeitsblattschutz, um bestimmte Zellen oder Bereiche zu sperren, die nicht bearbeitet werden sollen, und wenden Sie den Arbeitsmappenschutz an, um zu verhindern, dass Benutzer Blätter hinzufügen, löschen oder verschieben.

13.2. Einschränkung des Zugangs zu Daten

Sie können den Zugriff auf bestimmte Datenbereiche mit Hilfe von Schutzfunktionen einschränken.

Sie können beispielsweise Änderungen nur für bestimmte Zellen zulassen, indem Sie die folgenden Schritte ausführen:

1. Wählen Sie den Bereich von Zellen aus, für den Sie Änderungen zulassen möchten.

2. Klicken Sie mit der rechten Maustaste und wählen Sie "Zellen formatieren".

3. Gehen Sie zur Registerkarte "Schutz" und entfernen Sie das Häkchen bei "Gesperrt".

4. Schützen Sie das Arbeitsblatt wie oben beschrieben. (Abb. 13.3).

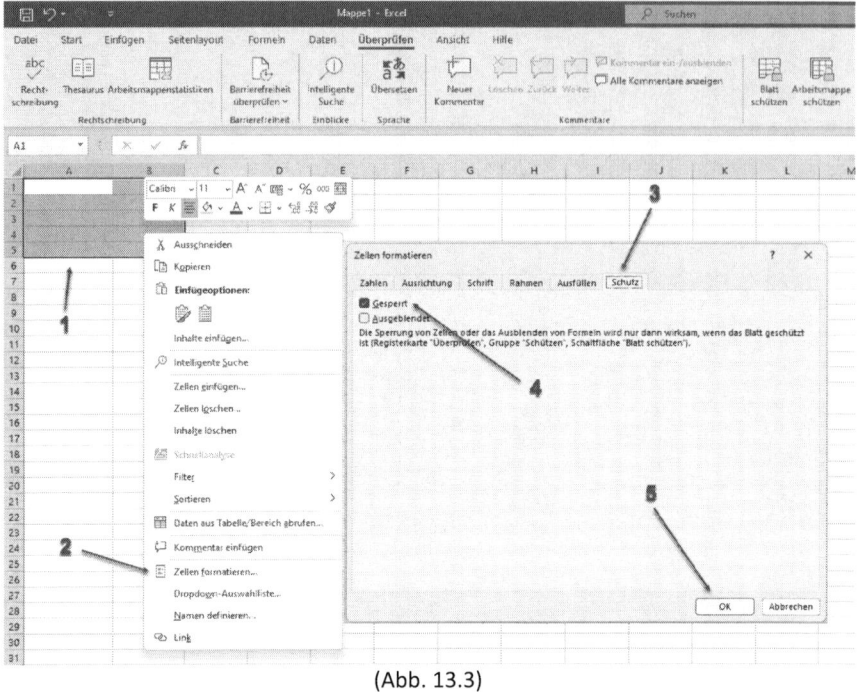

(Abb. 13.3)

Ausführliche Erläuterung: Die Beschränkung des Zugriffs auf bestimmte Datenbereiche trägt zur Wahrung der Datenintegrität bei, indem sie unbefugte Änderungen verhindert. Dies ist nützlich für Arbeitsumgebungen, in denen mehrere Benutzer auf dieselbe Arbeitsmappe zugreifen.

Tipp: Kombinieren Sie die Zellensperre mit der Datenüberprüfung, um sicherzustellen, dass nur gültige und autorisierte Daten in bestimmte Bereiche eingegeben werden.

Teil VII
Erweiterte Funktionen und Tools

Kapitel 14: Makros und VBA verwenden

14.1. Einführung in Makros und VBA

Mit Makros und VBA (Visual Basic for Applications) können Sie Routineaufgaben in Excel automatisieren und so die Effizienz erheblich steigern. Makros sind Folgen von Befehlen und Funktionen, die aufgezeichnet werden, um Aufgaben automatisch auszuführen. VBA ist die Programmiersprache, die zum Schreiben von Makros verwendet wird.

Ausführliche Erläuterung: Makros sparen Zeit und verringern das Potenzial für menschliche Fehler, indem sie sich wiederholende Aufgaben automatisieren. VBA erweitert die Funktionalität von Makros, indem es eine komplexere und flexiblere Automatisierung ermöglicht.

Tipp: *Beginnen Sie mit der Aufzeichnung einfacher Makros, um sich mit dem Prozess vertraut zu machen, und erkunden Sie dann nach und nach die VBA-Programmierung, um anspruchsvollere Automatisierungslösungen zu erstellen.*

14.2. Makros aufzeichnen und ausführen

Um ein Makro aufzuzeichnen, gehen Sie folgendermaßen vor:

1. **Gehen Sie auf die Registerkarte "Ansicht"** und wählen Sie **"Makros" > "Makro aufzeichnen".**

2. **Geben Sie einen Namen für das Makro ein** und weisen Sie ihm bei Bedarf eine Tastenkombination zu.

3. **Führen Sie die Aktionen aus, die Sie aufzeichnen möchten.**

4. **Wenn Sie fertig sind, klicken Sie auf** der gleichen Registerkarte **auf "Aufnahme beenden"** (Abb. 14.1).

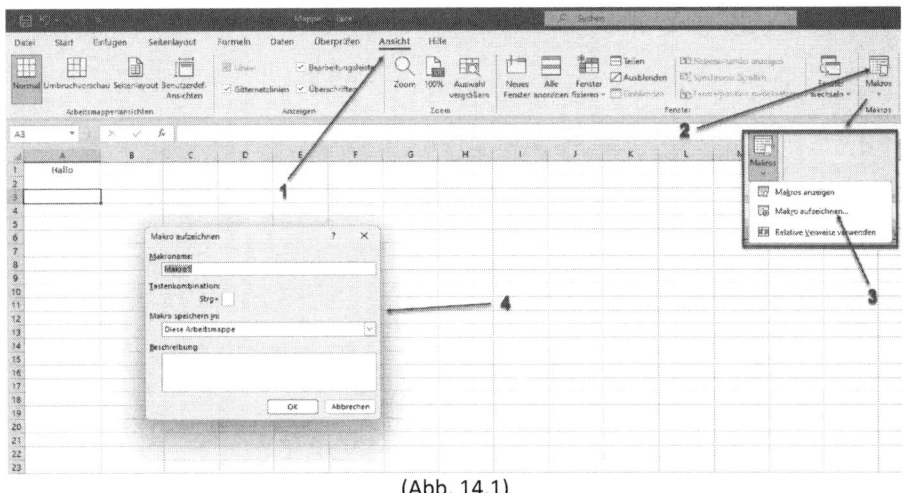

(Abb. 14.1)

Um ein Makro auszuführen:

1. **Gehen Sie zur Registerkarte "Ansicht"** und wählen Sie **"Makros"** > **"Makros anzeigen"**.

2. **Wählen Sie das Makro aus der Liste** und klicken Sie auf **"Ausführen"** (Abb. 14.2).

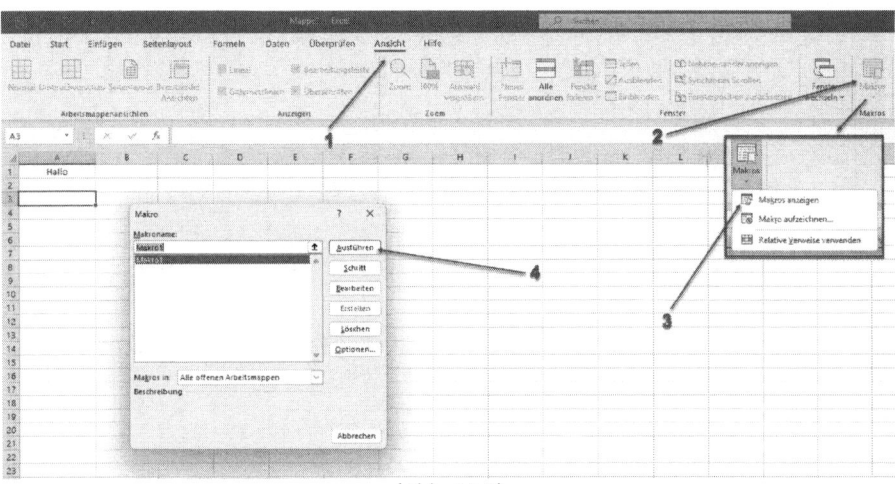

(Abb. 14.2)

Beispiel:

Aufzeichnung eines Makros:

1. **Gehen Sie auf die Registerkarte "Ansicht":**

- o Wählen Sie **"Makros" > "Makro aufzeichnen"**.

2. **Makro-Details eingeben:**

    - o Name: FormatCells

    - o Tastenkürzel: Strg + Umschalt + F

    - o Klicken Sie auf OK, um die Aufnahme zu starten.

3. **Aktionen durchführen:**

    - o Zellen A1 auswählen

    - o Fettformatierung anwenden.

    - o Füllen Sie die Zellen mit einer gelben Hintergrundfarbe.

4. **Aufnahme stoppen:**

    - o Gehen Sie zurück zur Registerkarte "Ansicht" und klicken Sie auf **"Aufnahme beenden"**.

Ausführen des Makros:

1. **Gehen Sie auf die Registerkarte "Ansicht":**

    - o Wählen Sie **"Makros" > "Makros anzeigen"**.

2. **Führen Sie das Makro aus:**

    - o Wählen Sie FormatCells aus der Liste und klicken Sie auf **"Ausführen"**.

Ausführliche Erläuterung: Bei der Aufzeichnung von Makros wird eine Reihe von Aktionen in Excel aufgezeichnet, die dann wiedergegeben werden können, um diese Aktionen automatisch durchzuführen. Dies ist nützlich für Aufgaben wie Formatierung, Dateneingabe und sich wiederholende Berechnungen. Durch die Aufzeichnung eines Makros können Sie sich wiederholende Aufgaben automatisieren und so Zeit sparen und die Fehleranfälligkeit verringern.

Tipp: Weisen Sie häufig verwendeten Makros Tastenkombinationen zu, um Ihren Arbeitsablauf noch weiter zu beschleunigen. So können Sie Makros schnell ausführen, ohne durch Menüs navigieren zu müssen.

14.3. Grundlagen der VBA-Programmierung

Die VBA-Programmierung (Visual Basic for Applications) ermöglicht es Ihnen, komplexere und flexiblere Makros in Excel zu erstellen. Hier finden Sie eine Einführung in einige grundlegende VBA-Syntaxelemente und wie Sie VBA-Code erstellen und ausführen.

Erste Schritte mit VBA

1. **Öffnen Sie den VBA-Editor:**

- Gehen Sie zur Registerkarte "Entwickler". Wenn die Registerkarte "Entwickler" nicht sichtbar ist, müssen Sie sie aktivieren:

  ▪ Klicken Sie auf die Registerkarte "Datei".

  ▪ Wählen Sie "Optionen".

  ▪ Klicken Sie im Dialogfeld "Excel-Optionen" auf "Multifunktionsleiste anpassen".

  ▪ Aktivieren Sie im rechten Fenster das Kontrollkästchen "Entwickler" und klicken Sie auf OK. (Abb. 14.3)

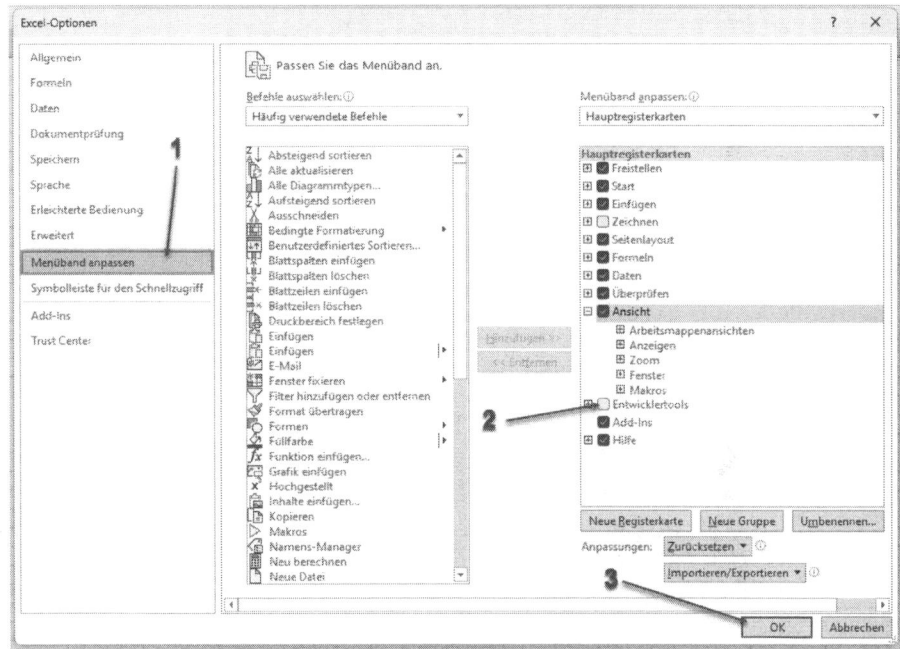

(Abb. 14.3)

- Klicken Sie auf der Registerkarte "Entwickler" auf "Visual Basic", um den VBA-Editor zu öffnen. (Abb. 14.4).

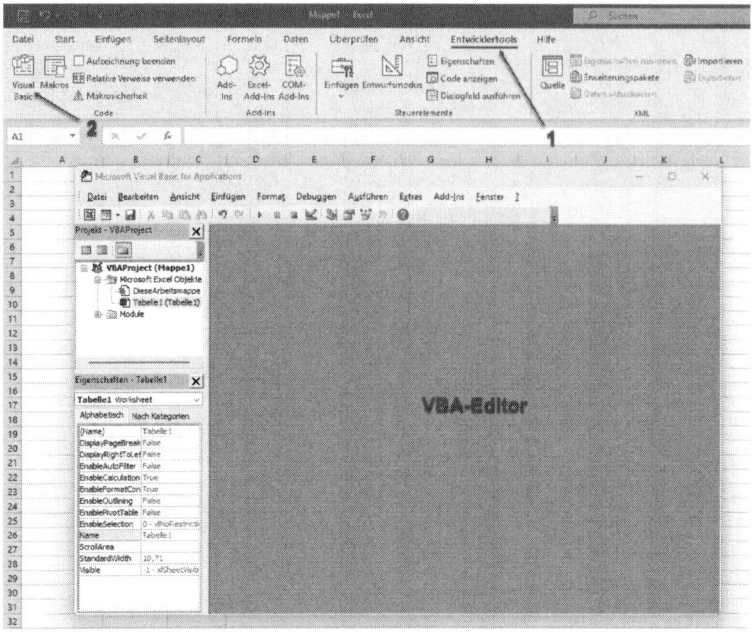

(Abb. 14.4)

2. **Ein neues Modul einfügen:**

- Wählen Sie im VBA-Editor das Menü "Einfügen".
- Wählen Sie "Modul". Ein neues Modul erscheint im Projekt-Explorer. (Abb. 14.5).

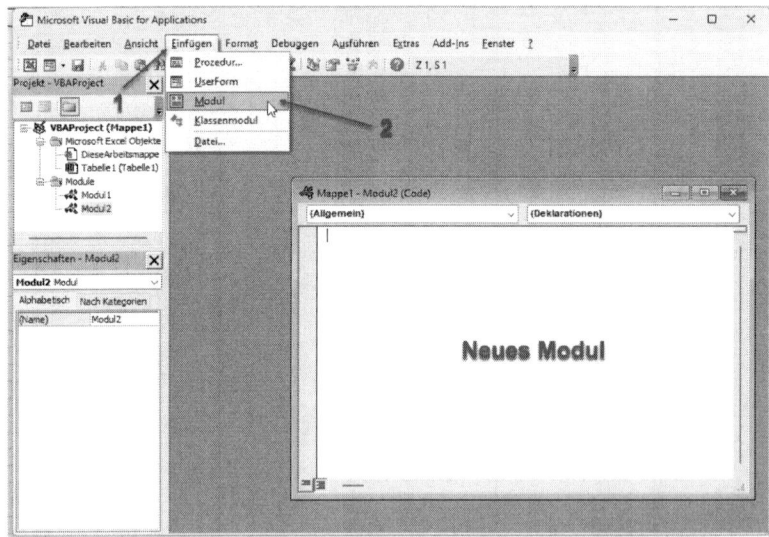

(Abb. 14.5)

Wichtige VBA-Konzepte

1. Sub und End Sub

- **Beschreibung:** Jede VBA-Prozedur (Makro) beginnt mit Sub, gefolgt vom Prozedurnamen, und endet mit End Sub. Dies definiert den Anfang und das Ende des Makros.

- **Verwendung:**

```
Sub HalloWelt()
    Ihr Code kommt hier hin
End Sub
```

2. Dimmen

Beschreibung: Dim wird verwendet, um Variablen zu deklarieren. Das Deklarieren von Variablen hilft bei der effizienten Verwaltung des Speichers und macht Ihren Code leichter verständlich.

Verwendung:

```
Dim message As String
message = "Hallo, Welt!"
MsgBox Nachricht
```

Erläuterung:

- Dim message As String deklariert eine Variable namens message vom Typ String.
- message = "Hello, world!" weist den Text "Hello, world!" der Variablen message zu.
- MsgBox message zeigt den Inhalt einer Nachricht in einem Nachrichtenfeld an.

3. MsgBox

Beschreibung: MsgBox zeigt Meldungen in einem Dialogfeld an. Sie kann verwendet werden, um Informationen für den Benutzer bereitzustellen oder um Code zu debuggen.

Verwendung:

- MsgBox "Hallo, Welt!"

Erläuterung:

- MsgBox "Hallo, Welt!" zeigt ein Dialogfeld mit dem Text "Hallo, Welt!" an.

4. Wenn...dann...sonst

Beschreibung: Bedingte Anweisungen, die je nachdem, ob eine Bedingung wahr oder falsch ist, verschiedene Codeblöcke ausführen.

Verwendung:

```
Dim score As Integer
Punktzahl = 85
Wenn Punktzahl >= 90 Dann
    MsgBox "Note: A"
ElseIf score >= 80 Then
    MsgBox "Note: B"
Sonst
    MsgBox "Note: C"
Ende wenn
```

Erläuterung:

- If score >= 90 Dann wird geprüft, ob der Wert von score größer oder gleich 90 ist.
- MsgBox "Note: A" zeigt "Note: A", wenn die Bedingung wahr ist.
- ElseIf score >= 80 Dann wird geprüft, ob der Wert von score größer oder gleich 80 ist, wenn die erste Bedingung falsch ist.
- MsgBox "Note: B" zeigt "Note: B" an, wenn die zweite Bedingung wahr ist.
- Else wird ausgeführt, wenn alle vorherigen Bedingungen falsch sind.
- MsgBox "Note: C" zeigt "Note: C."

Beispiel für einen einfachen VBA-Code:

Hier ist ein einfacher VBA-Code, der diese Konzepte veranschaulicht:

```
Sub HalloWelt()
    ' Anzeige einer Nachrichtenbox mit einer Begrüßung
    MsgBox "Hallo, Welt!"
End Sub
```

So führen Sie das Makro aus:

1. **Führen Sie das Makro über den VBA-Editor aus:**

- Drücken Sie F5 oder klicken Sie auf die Schaltfläche "Ausführen" in der Symbolleiste, um das Makro auszuführen.

2. **Führen Sie das Makro in Excel aus:**

- Schließen Sie den VBA-Editor, um zu Excel zurückzukehren.
- Gehen Sie auf die Registerkarte "Entwickler".
- Klicken Sie auf "Makros".
- Wählen Sie das Makro HelloWorld aus der Liste und klicken Sie auf "Ausführen". (Abb. 14.6).

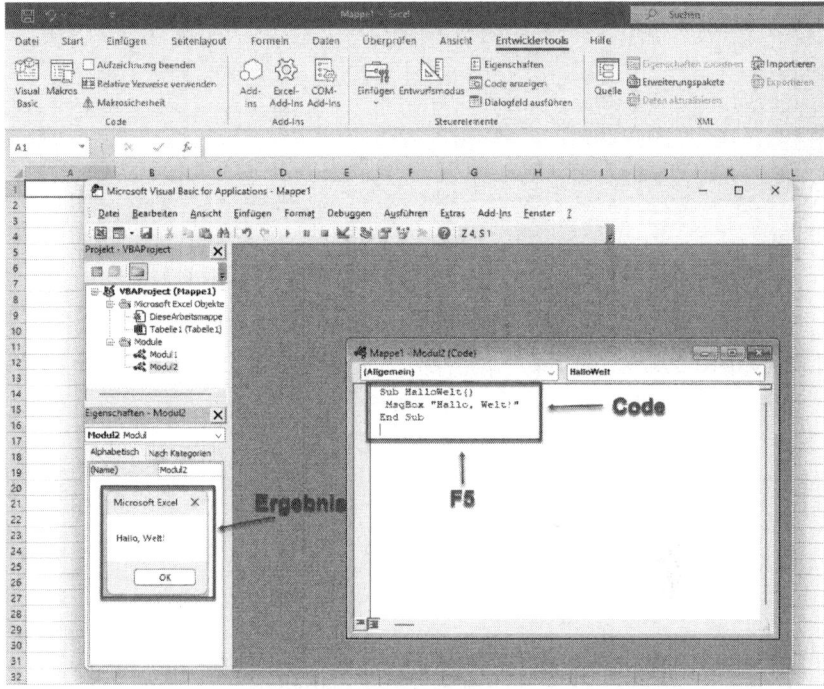
(Abb. 14.6)

Ausführliche Erläuterung: Mit VBA können Sie benutzerdefinierte Skripts schreiben, um das Verhalten von Excel zu steuern. Mithilfe von VBA können Sie sich wiederholende Aufgaben automatisieren, benutzerdefinierte Funktionen erstellen und komplexe Algorithmen zur Datenmanipulation entwickeln. Das Verständnis der grundlegenden Syntax von VBA ist der erste Schritt zur Erstellung leistungsstarker Automatisierungsskripte.

Tipp: Üben Sie das Schreiben einfacher VBA-Skripte, um Ihre Sicherheit zu erhöhen, bevor Sie sich an komplexere Automatisierungsaufgaben wagen. Beginnen Sie mit grundlegenden Aufgaben wie der Anzeige von Meldungen oder der Durchführung einfacher Berechnungen und gehen Sie nach und nach zu fortgeschritteneren Themen wie Schleifen, Funktionen und Fehlerbehandlung über. Wenn Sie die Grundlagen der VBA-Programmierung beherrschen, können Sie das volle Potenzial von Excel ausschöpfen und hochgradig individuelle und effiziente Arbeitsabläufe erstellen.

Kapitel 15: Einführung in Power Query

15.1. Was ist Power Query?

Power Query ist ein leistungsstarkes Tool zum Importieren, Transformieren und Bereinigen von Daten. Es ermöglicht Ihnen, sich mit verschiedenen Datenquellen zu verbinden, sie zu ändern und sie wieder in Excel zu laden.

Ausführliche Erläuterung: Power Query rationalisiert den Prozess der Datenaufbereitung und erleichtert das Sammeln, Formen und Kombinieren von Daten aus verschiedenen Quellen. Dies ist besonders nützlich für die Handhabung großer Datensätze und die Durchführung komplexer Datenmanipulationen.

Tipp: Verwenden Sie Power Query, um sich wiederholende Datenaufbereitungsaufgaben zu automatisieren und die Datenkonsistenz in Ihren Excel-Projekten sicherzustellen.

15.2. Daten mit Power Query importieren

Um Daten zu importieren, gehen Sie folgendermaßen vor:

1. Gehen Sie auf die Registerkarte "Daten" und wählen Sie "Daten abrufen".
2. Wählen Sie die Datenquelle (z. B. aus einer Datei, einer Datenbank oder einer Website).
3. Konfigurieren Sie die Verbindungseinstellungen und klicken Sie auf "OK" (Abb. 15.1).

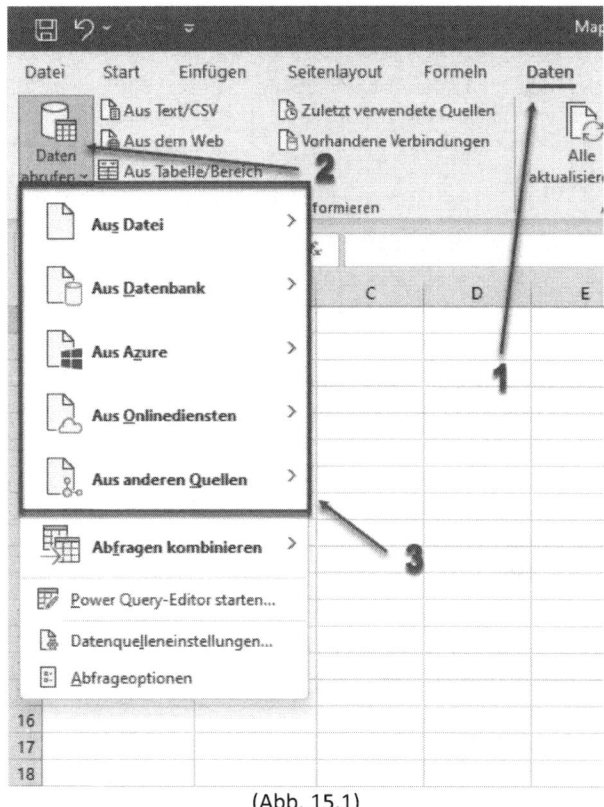

(Abb. 15.1)

Ausführliche Erläuterung: Power Query unterstützt eine breite Palette von Datenquellen, darunter Excel-Dateien, Datenbanken, Webseiten und Cloud-Dienste. Bei der Konfiguration der Verbindungseinstellungen können Sie Parameter wie Dateipfade, Datenbankanmeldeinformationen und Web-URLs angeben.

Tipp: *Speichern Sie häufig verwendete Verbindungen als Vorlagen, um Zeit zu sparen und die Konsistenz beim Importieren von Daten aus denselben Quellen zu gewährleisten.*

15.3. Transformieren und Bereinigen von Daten

Nach dem Import von Daten können Sie verschiedene Transformationen durchführen, um sie für die Analyse vorzubereiten:

1. **Öffnen Sie den Power Query Editor:**

- Gehen Sie in Excel auf die Registerkarte **Daten**.
- Klicken Sie auf **Daten abrufen** und wählen Sie Ihre Datenquelle aus.

- Folgen Sie den Anweisungen, um zu der spezifischen Datei oder Datenbank zu navigieren, die Sie importieren möchten, und wählen Sie diese aus. (Abb. 15.2).
- Wenn das Datenvorschaufenster erscheint, klicken Sie auf **Daten transformieren**. Dadurch wird direkt der Power Query Editor geöffnet.

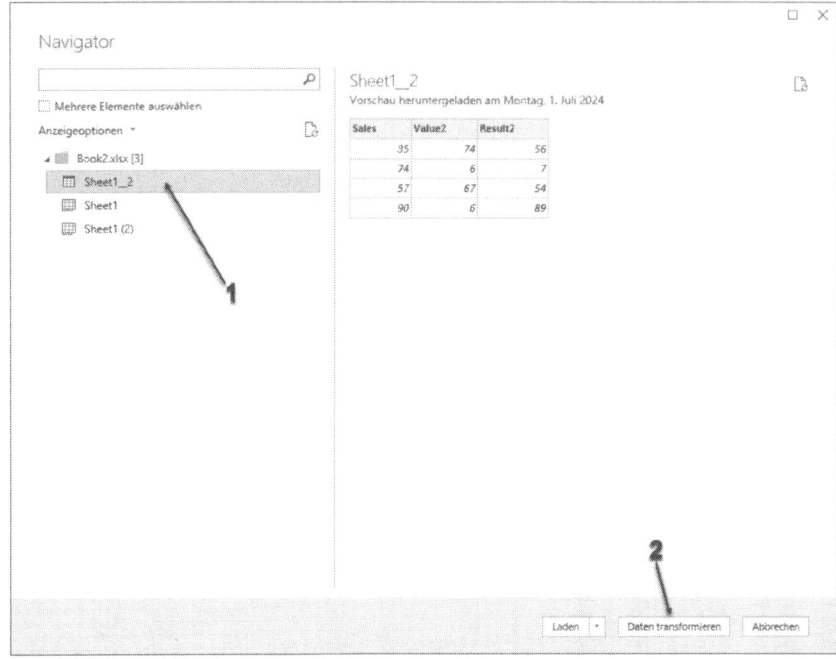

(Abb. 15.2)

2. **Verwenden Sie die Symbolleiste, um Daten zu transformieren:**

- **Zeilen filtern:** Klicken Sie auf das Filtersymbol neben einer Spaltenüberschrift, um Zeilen nach bestimmten Kriterien zu filtern.
- **Spalten sortieren:** Klicken Sie auf das Sortiersymbol neben einer Spaltenüberschrift, um die Daten in aufsteigender oder absteigender Reihenfolge zu sortieren.
- **Werte ersetzen:** Wählen Sie die Spalte aus, gehen Sie dann auf die Registerkarte **Transformieren** und klicken Sie auf **Werte ersetzen**, um bestimmte Werte in der Spalte zu suchen und zu ersetzen.
- **Datentypen ändern:** Markieren Sie die Spalte, gehen Sie dann auf die Registerkarte **Transformieren** und wählen Sie den entsprechenden Datentyp (z. B. Text, Datum, Zahl).

3. **Änderungen übernehmen und Daten in Excel laden:**

- Nachdem Sie alle erforderlichen Transformationen vorgenommen haben, klicken Sie im Power Query Editor auf **Schließen & Laden**.
- Die umgewandelten Daten werden in ein neues Arbeitsblatt oder in das bestehende Arbeitsblatt geladen, je nach Ihrer Auswahl im Dialogfeld Daten importieren. (Abb. 15.3).

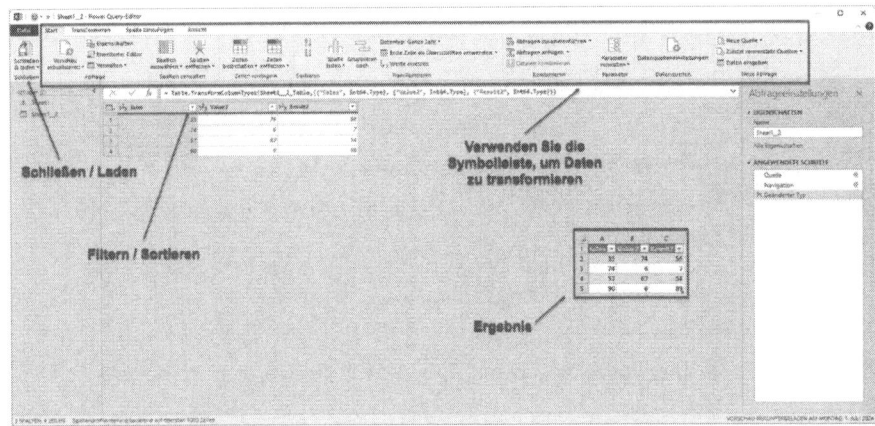

(Abb. 15.3)

Ausführliche Erläuterung:

Der Power Query Editor bietet eine benutzerfreundliche Schnittstelle für die Transformation von Daten. Zu den üblichen Transformationen gehören das Filtern von Zeilen, das Sortieren von Spalten, das Ersetzen von Werten und das Ändern von Datentypen. Diese Transformationen helfen, Ihre Daten für die Analyse vorzubereiten, indem sie sicherstellen, dass sie sauber, konsistent und korrekt formatiert sind.

Tipp: Experimentieren Sie mit verschiedenen Transformationen, um deren Auswirkungen auf Ihre Daten zu verstehen. Power Query zeichnet jeden Schritt auf, so dass Sie Änderungen bei Bedarf rückgängig machen können. Wenn der Power Query Editor nicht automatisch geöffnet wird, können Sie ihn über den Bereich **Abfragen und Verbindungen öffnen***, indem Sie auf die Abfrage doppelklicken.*

15.4. Beispiele für die Verwendung von Power Query

Mehrere Tabellen zu einer einzigen zusammenführen:

Kombinieren Sie Daten aus verschiedenen Quellen in einer einzigen Tabelle für eine einheitliche Analyse.

Beispiel: Sie haben zwei Tabellen: eine mit Kundeninformationen und eine mit deren Bestellungen. Verwenden Sie Power Query, um diese Tabellen zu einem einzigen Datensatz zusammenzuführen, der die Kundendaten mit den jeweiligen Bestellungen kombiniert.

Schritte:

1. **Importieren Sie beide Tabellen in den Power Query Editor:**

- Gehen Sie in Excel auf die Registerkarte **Daten**.

- Klicken Sie auf **Daten abrufen** und wählen Sie Ihre Datenquelle für beide Tabellen aus.
- Klicken Sie auf **Daten transformieren**, um jede Tabelle im Power Query Editor zu öffnen.

2. **Abfragen zusammenführen:**

- Gehen Sie im Power Query Editor auf die Registerkarte **Start** und klicken Sie auf **Abfragen zusammenführen**.
- Wählen Sie die übereinstimmende Spalte (z. B. die Kunden-ID) aus beiden Tabellen aus, um die Daten zu kombinieren.
- Klicken Sie auf **OK** und passen Sie die resultierende Tabelle nach Bedarf an.

3. **Laden Sie die zusammengefasste Tabelle in Excel:**

- Klicken Sie auf **Schließen & Laden**, um die zusammengeführte Tabelle in Excel zu laden.

Entfernen von Duplikaten:

Sicherstellung der Datenintegrität durch Beseitigung doppelter Datensätze.

Beispiel: Sie haben eine Liste mit Kunden-E-Mails, aber einige E-Mails werden wiederholt. Verwenden Sie Power Query, um doppelte Einträge zu entfernen und eine saubere E-Mail-Liste zu erhalten.

Schritte:

1. **Importieren Sie die Tabelle mit den E-Mail-Daten in den Power Query Editor:**

- Gehen Sie in Excel auf die Registerkarte **Daten**.
- Klicken Sie auf **Daten abrufen** und wählen Sie Ihre Datenquelle für die Tabelle mit den E-Mail-Daten aus.
- Klicken Sie auf **Daten transformieren**, um die Tabelle im Power Query Editor zu öffnen.

2. **Duplikate entfernen:**

- Wählen Sie die E-Mail-Spalte aus.
- Gehen Sie auf die Registerkarte **Start** und klicken Sie auf **Duplikate entfernen**.

3. **Laden Sie die bereinigten Daten in Excel:**

- Überprüfen Sie die bereinigten Daten und klicken Sie auf **Schließen & Laden**, um die Tabelle in Excel zu aktualisieren. (Abb. 15.4).

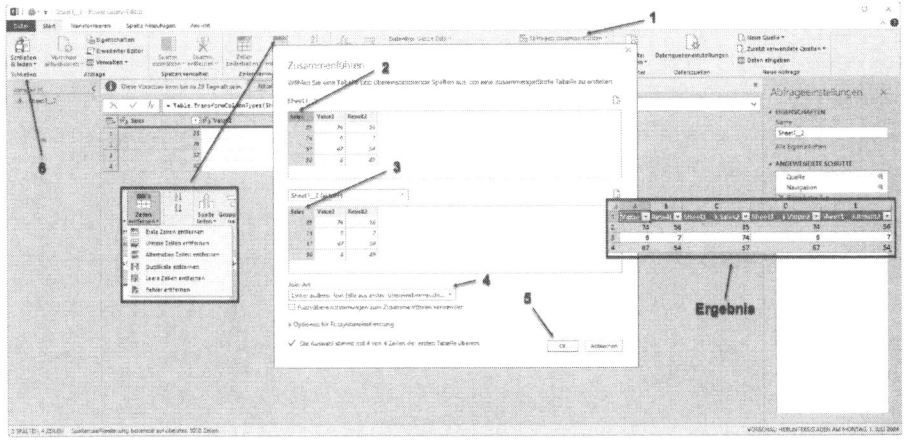

(Abb. 15.4)

Umwandlung von Datenformaten (z. B. Datum und Uhrzeit):

Standardisierung von Datums- und Zeitformaten für mehr Konsistenz.

Beispiel: Ihr Datensatz enthält Datumsangaben in verschiedenen Formaten (z. B. MM/TT/JJJJ, TT/MM/JJJJ). Verwenden Sie Power Query, um alle Datumsangaben auf ein einziges Format zu standardisieren.

Schritte:

1. **Importieren Sie die Tabelle mit den Datumsdaten in den Power Query Editor:**

- Gehen Sie in Excel auf die Registerkarte **Daten**.
- Klicken Sie auf **Daten abrufen** und wählen Sie Ihre Datenquelle für die Tabelle mit den Datumsdaten aus.
- Klicken Sie auf **Daten transformieren**, um die Tabelle im Power Query Editor zu öffnen.

2. **Datentyp ändern:**

- Wählen Sie die Datumsspalte aus.
- Gehen Sie auf die Registerkarte **Transformieren** und klicken Sie auf **Datentyp**, wählen Sie dann **Datum**.
- Verwenden Sie optional **Format**, um ein bestimmtes Datumsformat anzugeben.

3. **Laden Sie die standardisierten Daten in Excel:**

- Klicken Sie auf **Schließen & Laden**, um die Änderungen in Excel zu übernehmen. (Abb. 15.5).

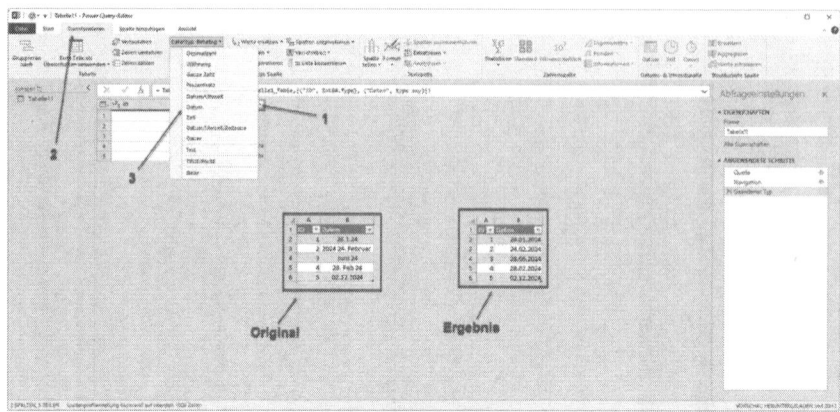

(Abb. 15.5)

Filtern von Daten auf der Grundlage von Bedingungen:

Extrahieren Sie Teilmengen von Daten, die bestimmte Kriterien erfüllen.

Beispiel: Sie möchten die Verkaufsdaten für ein bestimmtes Produkt analysieren. Verwenden Sie Power Query, um das Dataset so zu filtern, dass es nur Datensätze für dieses Produkt enthält.

Schritte:

1. **Importieren Sie die Verkaufsdaten in Power Query Editor:**

- Gehen Sie in Excel auf die Registerkarte **Daten**.
- Klicken Sie auf **Daten abrufen** und wählen Sie Ihre Datenquelle für die Verkaufsdaten aus.
- Klicken Sie auf **Daten transformieren**, um die Tabelle im Power Query Editor zu öffnen.

2. **Filter anwenden:**

- Klicken Sie auf das Filtersymbol neben der Spalte Produkt.
- Wählen Sie das Produkt, das Sie analysieren möchten, aus der Dropdown-Liste aus.
- Klicken Sie auf **OK**, um den Filter anzuwenden.

3. **Laden Sie die gefilterten Daten in Excel:**

- Klicken Sie auf **Schließen & Laden**, um die gefilterten Daten in Excel zu laden. (Abb. 15.6).

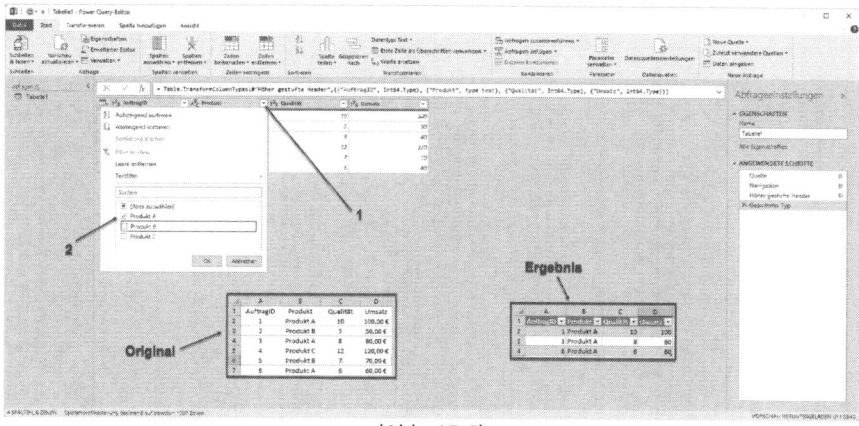

(Abb. 15.6)

Ausführliche Erläuterung: Die Vielseitigkeit von Power Query macht es zu einem unverzichtbaren Werkzeug für Datenanalysten. Durch das Zusammenführen von Tabellen können Sie verwandte Datensätze für eine umfassende Analyse integrieren. Das Entfernen von Duplikaten trägt dazu bei, die Datenqualität zu erhalten, indem sichergestellt wird, dass jeder Eintrag eindeutig ist. Die Umwandlung von Datenformaten gewährleistet Einheitlichkeit und erleichtert die Analyse und Visualisierung von Daten. Die Filterung ermöglicht eine gezielte Datenanalyse, indem sie sich auf bestimmte Teilmengen von Daten konzentriert.

Tipp: Speichern Sie Ihre Power Query-Transformationen als Abfragen, um sie in verschiedenen Projekten wiederzuverwenden. Dies erhöht die Produktivität und gewährleistet die Konsistenz über mehrere Analysen hinweg.

Kapitel 16: Einführung in Power Pivot

16.1. Was ist Power Pivot?

Power Pivot ist ein leistungsstarkes Werkzeug für die Analyse großer Datenmengen und die Erstellung komplexer Datenmodelle. Es ermöglicht Ihnen, große Datensätze zu laden, Beziehungen zwischen Tabellen zu erstellen und anspruchsvolle Berechnungen durchzuführen.

Ausführliche Erläuterung: Power Pivot erweitert die Möglichkeiten von Excel, indem es Ihnen ermöglicht, mit großen Datensätzen zu arbeiten, die die Zeilengrenze von Excel überschreiten. Es bietet erweiterte Datenmodellierungsfunktionen, wie die Möglichkeit, Beziehungen zwischen Tabellen zu erstellen und komplexe Berechnungen mit DAX (Data Analysis Expressions) durchzuführen.

Beispiel: Nehmen wir einen Verkaufsdatensatz mit Millionen von Zeilen, den Excel allein nicht effizient verarbeiten kann. Mit Power Pivot können Sie diesen großen Datensatz importieren, Beziehungen zu anderen Datensätzen herstellen (z. B. Produktdetails, Kundeninformationen) und erweiterte Berechnungen durchführen, um Verkaufstrends, Leistungskennzahlen und Kundenverhalten zu analysieren.

Tipp: Verwenden Sie Power Pivot, um komplexe Datenanalyseaufgaben zu bewältigen, die die Integration von Daten aus mehreren Quellen und die Durchführung detaillierter Berechnungen erfordern.

16.2. Daten in Power Pivot importieren

Gehen Sie folgendermaßen vor, um Daten in Power Pivot zu importieren:

1. **Aktivieren Sie die Registerkarte "Power Pivot":**

- Wenn die Registerkarte **Power Pivot** nicht sichtbar ist, gehen Sie auf die Registerkarte **Datei** und wählen Sie **Optionen**.
- Wählen Sie im Fenster **Excel-Optionen** die Option **Add-ins**.
- Wählen Sie im unteren Teil des Fensters die Option **COM-Add-Ins** aus dem Dropdown-Menü und klicken Sie auf **Los**.
- Aktivieren Sie das Kontrollkästchen neben **Microsoft Office Power Pivot** und klicken Sie auf **OK**. (Abb. 16.1).

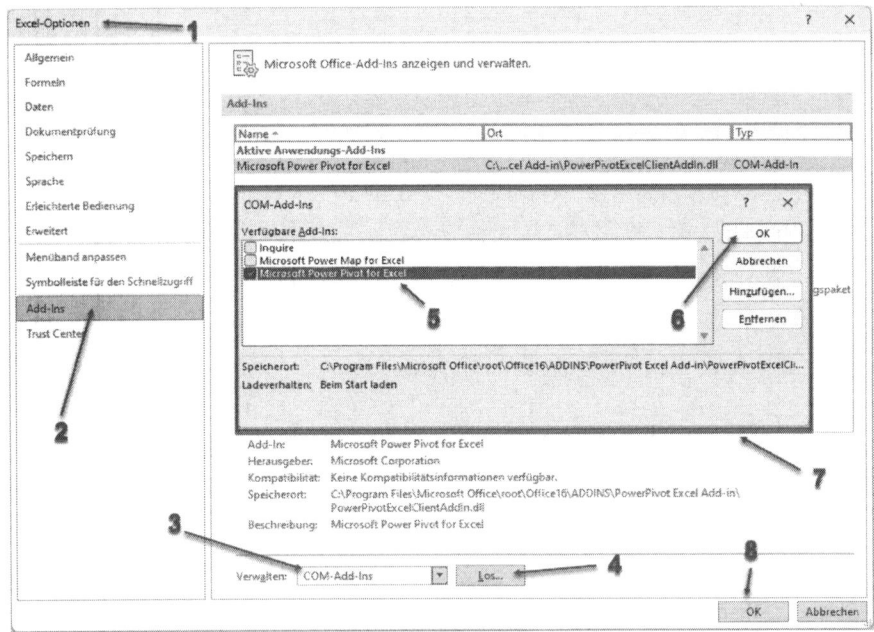

(Abb. 16.1)

2. **Gehen Sie auf die Registerkarte "Power Pivot" und wählen Sie "Verwalten":**

- Dies öffnet das Fenster Power Pivot. (Abb. 16.2).

(Abb. 16.2)

3. **Wählen Sie im Power Pivot-Fenster "Externe Daten abrufen" und wählen Sie die Datenquelle:**

- Zu den Optionen gehören Datenbanken, Excel-Dateien und Online-Dienste. (Abb. 16.3).

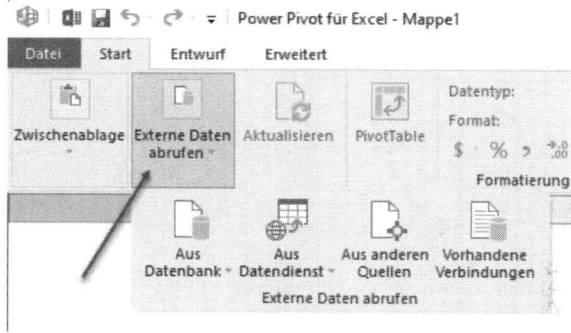

(Abb. 16.3)

4. **Konfigurieren Sie die Verbindungseinstellungen und importieren Sie Daten:**

- Folgen Sie den Aufforderungen, um den Datenimport abzuschließen.

Ausführliche Erläuterung: Beim Importieren von Daten in Power Pivot müssen Sie eine Verbindung zu verschiedenen Datenquellen herstellen, z. B. zu Datenbanken, Excel-Dateien und Online-Diensten. Mit Power Pivot können Sie große Datenmengen effizient importieren und für die Analyse vorbereiten.

Beispiel: Sie müssen Verkaufsdaten aus mehreren Quellen analysieren, darunter eine Excel-Datei und eine SQL-Datenbank. Mit Power Pivot können Sie die Daten aus beiden Quellen in ein einziges Datenmodell importieren und so umfassende Analysen und Berichte erstellen.

Tipp: Aktualisieren Sie regelmäßig Ihre Datenverbindungen, um sicherzustellen, dass Sie mit den aktuellsten verfügbaren Daten arbeiten.

16.3. Erstellen von Beziehungen und Arbeiten mit Datenmodellen

In Power Pivot können Sie Beziehungen zwischen Tabellen erstellen, um ein einheitliches Datenmodell aufzubauen. So können Sie tabellenübergreifende Analysen durchführen.

Beispielhafte Daten:

Verkaufstisch:

SalesID	KundenID	ProduktID	Datum	Betrag
1	101	A1	2023-01-01	€100
2	102	A2	2023-01-02	€200
3	101	A3	2023-01-03	€150
4	103	A1	2023-01-04	€300
5	104	A2	2023-01-05	€250

Kunden-Tabelle:

KundenID	Kundenname	Land
101	Unbekannter	USA
102	Jane Smith	Kanada
103	Emily Davis	UK
104	Michael Brown	Australien

Produkt-Tabelle:

ProduktID	Produktname	Kategorie
A1	Produkt 1	Kategorie 1
A2	Produkt 2	Kategorie 2
A3	Produkt 3	Kategorie 3

Schritte zum Aufbau von Beziehungen:

1. **Importieren Sie die Daten ordnungsgemäß:**

   - Gehen Sie in Excel auf die Registerkarte **Daten**.

   - Klicken Sie auf **Daten abrufen** und wählen Sie Ihre Datenquelle aus.

- Klicken Sie auf **Daten transformieren**, um den Power Query Editor zu öffnen.

- Stellen Sie sicher, dass die erste Zeile als Kopfzeile verwendet wird, indem Sie auf der Registerkarte **Start** auf **Erste Zeile als Kopfzeile verwenden klicken**.

- Klicken Sie auf **Schließen & Laden in** und wählen Sie **Nur Verbindung erstellen**, und aktivieren Sie dann das Kontrollkästchen **Diese Daten zum Datenmodell hinzufügen**.

2. **Überprüfen Sie die Daten in Power Pivot:**

- Öffnen Sie das Fenster **Power Pivot**, indem Sie auf die Registerkarte **Power Pivot** klicken und **Verwalten** wählen.

- Stellen Sie sicher, dass die Spaltenüberschriften korrekt angezeigt werden. (Abb. 16.4).

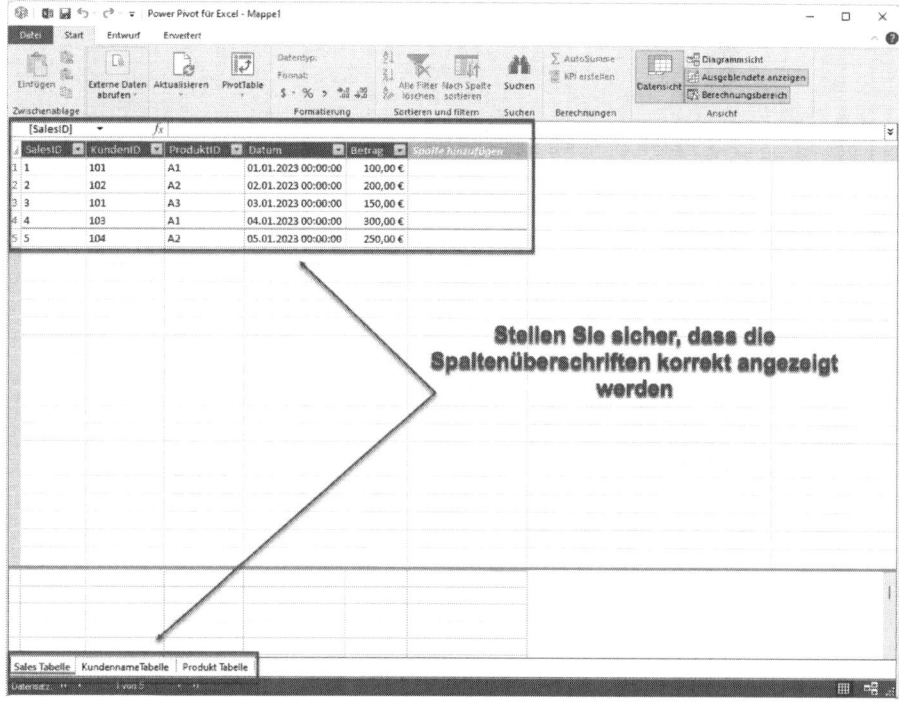

(Abb. 16.4)

3. **Gehen Sie in Power Pivot zur "Diagrammansicht":**

- So erhalten Sie eine visuelle Darstellung Ihres Datenmodells.

4. **Ziehen Sie Felder, um Beziehungen zwischen Tabellen zu erstellen:**

- Ziehen Sie zum Beispiel das Feld "CustomerID" aus der Tabelle Sales in das Feld "CustomerID" in der Tabelle Customer.

- Ziehen Sie in ähnlicher Weise das Feld "ProductID" aus der Tabelle Sales auf das Feld "ProductID" in der Tabelle Product. (Abb. 16.5).

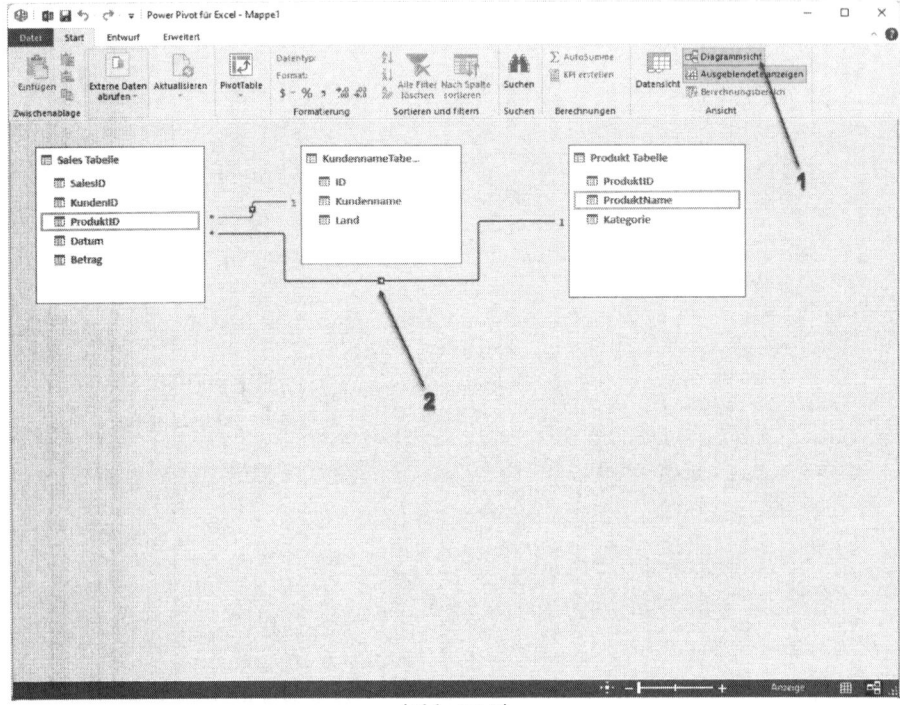

(Abb. 16.5)

5. **Konfigurieren Sie die Beziehungen und aktualisieren Sie das Datenmodell:**

- Stellen Sie sicher, dass die Beziehungen korrekt definiert sind, um die Datenintegrität zu wahren.

Ausführliche Erläuterung: Durch das Erstellen von Beziehungen zwischen Tabellen können Sie ein einheitliches Datenmodell aufbauen. So können Sie tabellenübergreifende Analysen durchführen, z. B. Pivot-Tabellen erstellen, die Daten aus mehreren Tabellen enthalten.

Beispiel: Sie haben eine Verkaufstabelle, eine Kundentabelle und eine Produkttabelle. Durch die Erstellung von Beziehungen zwischen diesen Tabellen auf der Grundlage gemeinsamer Felder (z. B. CustomerID, ProductID) können Sie die Verkaufsdaten in Bezug auf die demografischen Daten der Kunden und die Produktdetails analysieren.

Tipp: Stellen Sie sicher, dass Ihr Datenmodell gut strukturiert ist, indem Sie klare und genaue Beziehungen zwischen den Tabellen definieren. Dies wird die Genauigkeit und Effizienz Ihrer Datenanalyse verbessern.

16.4. Beispiele für die Verwendung von Power Pivot für die Datenanalyse

Erstellen von Pivot-Tabellen mit Daten aus mehreren Tabellen:

- Kombinieren Sie Daten aus verschiedenen Tabellen in einer einzigen Pivot-Tabelle für umfassende Analysen.

Schritte zum Erstellen einer Pivot-Tabelle:

1. **Eine Pivot-Tabelle einfügen:**

- Gehen Sie in Excel auf die Registerkarte **Einfügen**.
- Klicken Sie auf **PivotTable**.
- Wählen Sie im Dialogfeld **PivotTable erstellen** die Option **Das Datenmodell dieser Arbeitsmappe verwenden**.
- Wählen Sie aus, wo der PivotTable-Bericht platziert werden soll: entweder in einem neuen Arbeitsblatt oder in einem vorhandenen Arbeitsblatt. (Abb. 16.6).

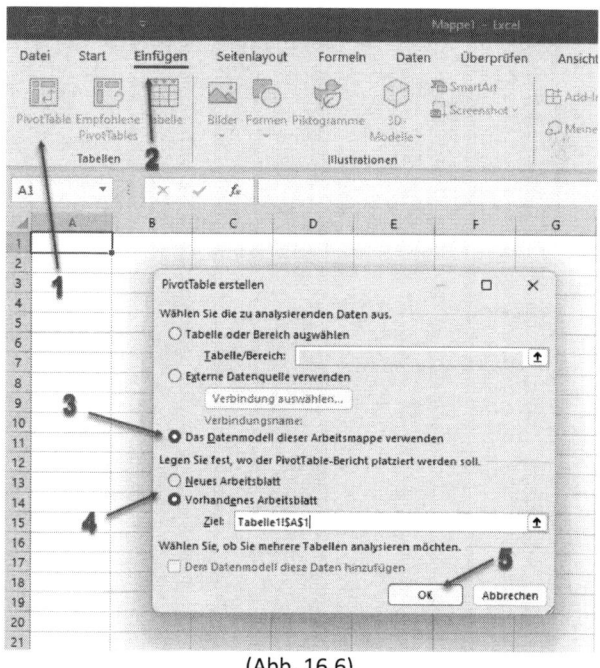

(Abb. 16.6)

2. **Erstellen Sie die Pivot-Tabelle:**

- Im Bereich **PivotTable-Felder** sehen Sie Felder aus allen Tabellen in Ihrem Datenmodell.
- Aktivieren Sie die Kontrollkästchen neben den Feldern, die Sie in Ihrer Pivot-Tabelle verwenden möchten. Die Felder werden automatisch in die entsprechenden Bereiche (Zeilen, Spalten, Werte, Filter) eingefügt (Abb. 16.7).

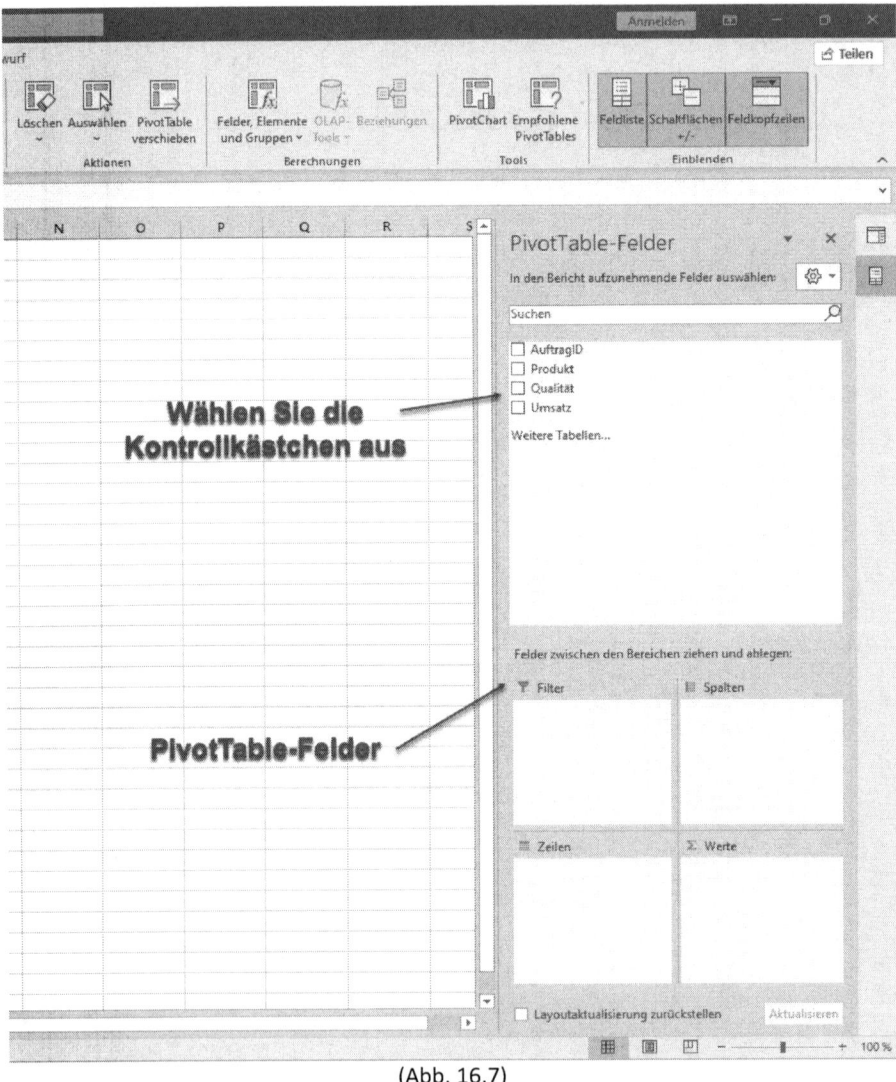

(Abb. 16.7)

Beispiel: Analysieren Sie den Umsatz nach Kundenland und Produktkategorie:

▢ **Felder für die Erstellung der Pivot-Tabelle auswählen:**

- Aktivieren Sie das Kontrollkästchen neben dem **Land** in der **Kundentabelle**, um es dem Bereich **Zeilen** hinzuzufügen.

- Aktivieren Sie das Kontrollkästchen neben der **Kategorie** in der **Produkttabelle**, um sie dem Spaltenbereich hinzuzufügen.

- Aktivieren Sie das Kontrollkästchen neben dem **Betrag** aus der **Verkaufstabelle**, um ihn dem Bereich **Werte** hinzuzufügen (stellen Sie sicher, dass er auf **Summe** eingestellt ist).

☐ **Passen Sie die Pivot-Tabelle an:**

- Sie können die Pivot-Tabelle weiter anpassen, indem Sie Filter, Sortierung und Formatierung nach Bedarf hinzufügen. (Abb. 16.8).

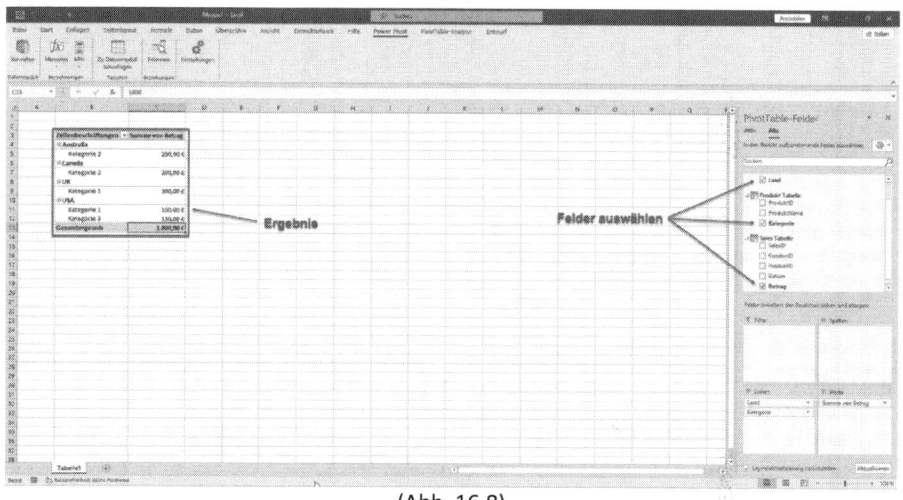

(Abb. 16.8)

Durchführen komplexer Berechnungen mit DAX (Data Analysis Expressions):

- Verwenden Sie DAX, um berechnete Spalten und Kennzahlen zu erstellen, die tiefere Einblicke in Ihre Daten ermöglichen.

Beispiel: Berechnen Sie den durchschnittlichen Umsatz pro Kunde mit DAX:

1. **Erstellen Sie eine neue Maßnahme:**

- Wechseln Sie im Power Pivot-Fenster auf die Registerkarte **Start**.
- Klicken Sie auf **Neue Maßnahme**.
- Geben Sie die Formel für die Kennzahl ein: AverageSales = AVERAGE(Sales[Amount]).

2. **Verwenden Sie die Maßnahme in einer Pivot-Tabelle:**

- Fügen Sie eine neue Pivot-Tabelle wie oben beschrieben ein.

- Ziehen Sie **Land** aus der **Kundentabelle** in den Bereich **Zeilen**.
- Ziehen Sie die Kennzahl **AverageSales** in den Bereich **Werte**. (Abb. 16.9).

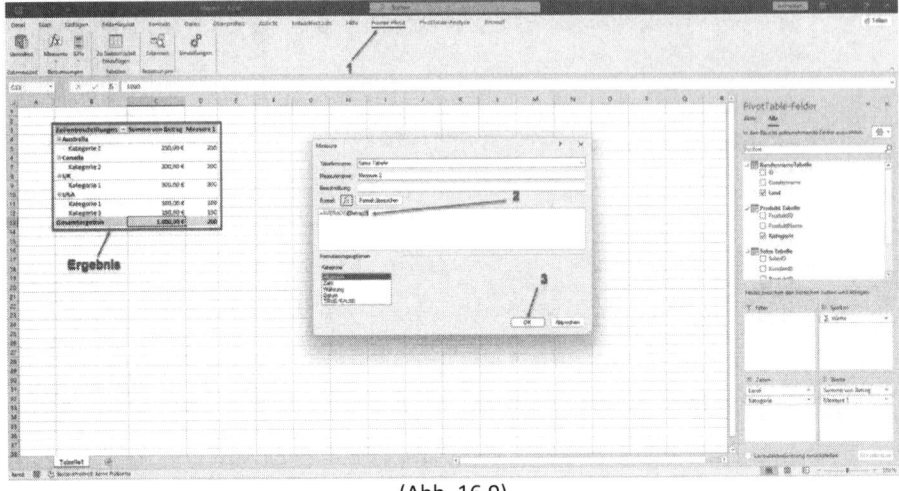

(Abb. 16.9)

Analysieren großer Datensätze mit Pivot-Diagrammen und Grafiken:

- Visualisieren Sie große Datensätze mit Pivot-Diagrammen und -Grafiken, um Trends und Muster zu erkennen.

Beispiel: Erstellen eines Pivot-Diagramms zur Visualisierung von Verkaufstrends im Zeitverlauf:

1. **Ein Pivot-Diagramm einfügen:**

- Fügen Sie eine Pivot-Tabelle wie oben beschrieben ein.
- Ziehen Sie das **Datum** aus der **Verkaufstabelle** in den Bereich **Zeilen**.
- Ziehen Sie den **Betrag** aus der **Verkaufstabelle** in den Bereich **Werte**.
- Wechseln Sie bei ausgewählter Pivot-Tabelle auf die Registerkarte **Einfügen** und wählen Sie ein **PivotChart**.

2. **Passen Sie das Pivot-Diagramm an:**

- Verwenden Sie die Diagrammwerkzeuge, um den Diagrammtyp, das Format und den Stil anzupassen.
- Fügen Sie Beschriftungen, Titel und andere Elemente hinzu, um die Visualisierung zu verbessern. (Abb. 16.10).

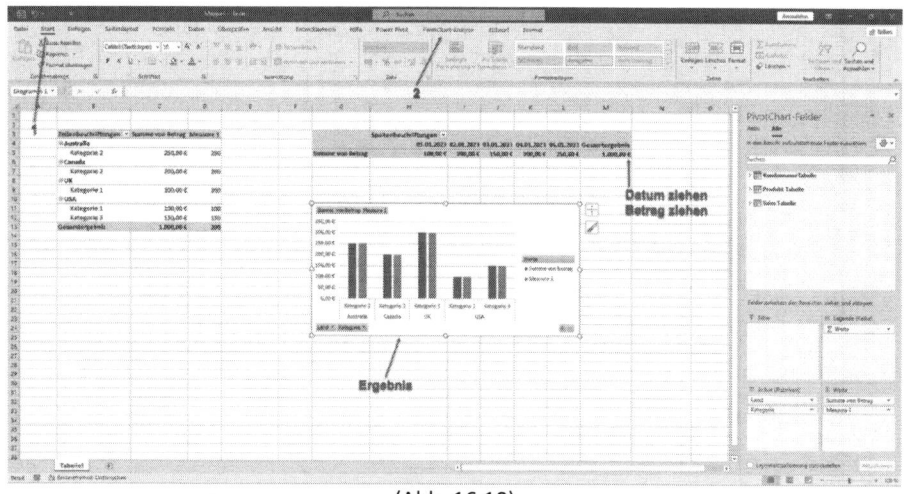

(Abb. 16.10)

Ausführliche Erläuterung: Die erweiterten Funktionen von Power Pivot machen es zu einem unverzichtbaren Werkzeug für Datenanalysten. Durch den Einsatz von Pivot-Tabellen, DAX-Berechnungen und Pivot-Diagrammen können Sie detaillierte und umfassende Datenanalysen durchführen.

Tipp: *Überprüfen und verfeinern Sie Ihre Datenmodelle und DAX-Formeln regelmäßig, um sicherzustellen, dass sie Ihren analytischen Anforderungen entsprechen und genaue Ergebnisse liefern.*

Teil VIII
Arbeiten mit Big Data und Business Intelligence

Kapitel 17: Datenanalysetools in Excel

17.1. Verwendung des Solver-Tools

Das Werkzeug Solver hilft Ihnen, optimale Werte für bestimmte Parameter zu finden. So verwenden Sie es:

1. **Aktivieren Sie das Solver Add-In:**

   - Wenn das Werkzeug Solver nicht sichtbar ist, gehen Sie auf die Registerkarte **Datei** und wählen Sie **Optionen.**
   - Wählen Sie im Fenster **Excel-Optionen** die Option **Add-ins.**
   - Wählen Sie unten im Fenster die Option **Excel-Add-Ins** aus dem Dropdown-Menü und klicken Sie auf **Los.**
   - Markieren Sie das Kästchen neben **Solver Add-in** und klicken Sie auf **OK.**

2. **Gehen Sie auf die Registerkarte "Daten" und wählen Sie "Solver":**

   - Dies öffnet das Dialogfeld Solver-Parameter.

3. **Legen Sie die Zielzelle, den Wert und die wechselnden Zellen fest:**

   - Die Zielzelle ist die Zelle, die Sie optimieren wollen (maximieren, minimieren oder auf einen bestimmten Wert setzen).
   - Die sich ändernden Zellen sind die Zellen, die Solver anpassen kann, um den Zielwert zu erreichen.

4. **Konfigurieren Sie die Randbedingungen und klicken Sie auf "Lösen":**

   - Fügen Sie Beschränkungen hinzu, um Grenzen für die sich ändernden Zellen zu definieren.
   - Klicken Sie auf **Lösen**, um den Solver zu starten und die optimale Lösung zu finden. (Abb. 17.1).

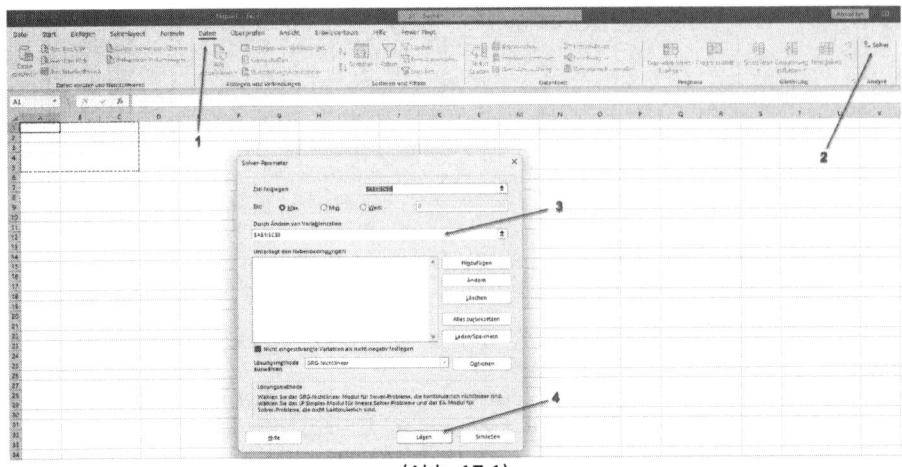

(Abb. 17.1)

Ausführliche Erläuterung: Solver ist ein Optimierungswerkzeug, das Ihnen helfen kann, die beste Lösung für ein Problem zu finden, indem es mehrere Variablen ändert und dabei bestimmte Einschränkungen erfüllt. Es wird häufig für lineare Programmierung, Maximierung oder Minimierung von Zielen und Szenarioanalyse verwendet.

Beispiel: Optimierung des Produktmixes für maximalen Gewinn Sie möchten den optimalen Mix aus zwei Produkten (Produkt A und Produkt B) bestimmen, um den Gewinn zu maximieren, wobei Sie Produktionsbeschränkungen und die Verfügbarkeit von Ressourcen berücksichtigen.

Richten Sie Ihre Daten in Excel ein:

	Gewinn pro Einheit	Produzierte Einheiten	Gesamtgewinn
Produkt A	40	0	=B2*C2
Produkt B	30	0	=B3*C3
Insgesamt			=D2+D3
Kombiniert			

- **Gewinn pro Einheit:** Der Gewinn, der pro Einheit für jedes Produkt erzielt wird.

- **Produzierte Einheiten:** Die Anzahl der produzierten Einheiten (dies sind die Werte, die Solver anpassen wird).

- **Gesamtgewinn:** Der Gesamtgewinn für jedes Produkt und der Gesamtgewinn insgesamt.

- **Kombinierte Produktion:** Die Gesamtzahl der produzierten Einheiten für beide Produkte.

Stellen Sie die Solver-Parameter ein:

- **Ziel setzen:** €D€3 (die Zelle für den Gesamtgewinn).

- **Zu:** Wählen Sie **Max**, um den Gesamtgewinn zu maximieren.

- **Durch Ändern der variablen Zellen:** €C€2:€C€3 (die produzierten Einheiten für jedes Produkt).

Constraints hinzufügen:

- **Produkt A Einheiten:** €C€2 <= 150

- **Produkt B Einheiten:** €C€3 <= 150

- **Gesamtproduktionsgrenze:** €E€3 <= 200

- Vergewissern Sie sich, dass das Kontrollkästchen **Unbeschränkte Variablen nicht-negativ machen** aktiviert ist.

Solver-Setup:

1. **Solver öffnen:**

   o Gehen Sie auf die Registerkarte **Daten** und klicken Sie auf **Solver**.

2. **Legen Sie das Ziel fest:**

   o **Zielvorgabe:** €D€3

   o **An:** Max

3. **Ändernde variable Zellen einstellen:**

   o **Durch Ändern der variablen Zellen:** €C€2:€C€3

4. **Constraints hinzufügen:**

   o Klicken Sie auf **Hinzufügen**, um das Dialogfeld **Beschränkung hinzufügen zu** öffnen.

   o **Einschränkung für Produkt A:**

     ▪ **Zellenbezug:** €C€2

     ▪ **Relation:** <=

     ▪ **Einschränkung:** 150

     ▪ Klicken Sie auf **Hinzufügen**

- o **Einschränkung für Produkt B:**

  - **Zellenbezug:** €C€3

  - **Relation:** <=

  - **Einschränkung:** 150

  - Klicken Sie auf **Hinzufügen**

- o **Kombinierte Produktionsbeschränkung:**

  - **Zellenbezug:** €E€3

  - **Relation:** <=

  - **Einschränkung:** 200

  - Klicken Sie auf **Hinzufügen**

- o Vergewissern Sie sich, dass die Option **Unbeschränkte Variablen nicht-negativ machen** aktiviert ist.

5. **Lösen Sie das Problem:**

  - o Klicken Sie im Dialogfeld Solver-Parameter auf **Lösen**.

  - o Der Solver passt die Werte in €C€2 und €C€3 so an, dass €D€3 maximiert wird, wobei die Nebenbedingungen eingehalten werden.

  - o Überprüfen Sie die Ergebnisse und klicken Sie auf **OK**, um die Lösung beizubehalten, oder auf **Originalwerte wiederherstellen**, um sie zu verwerfen. (Abb. 17.2).

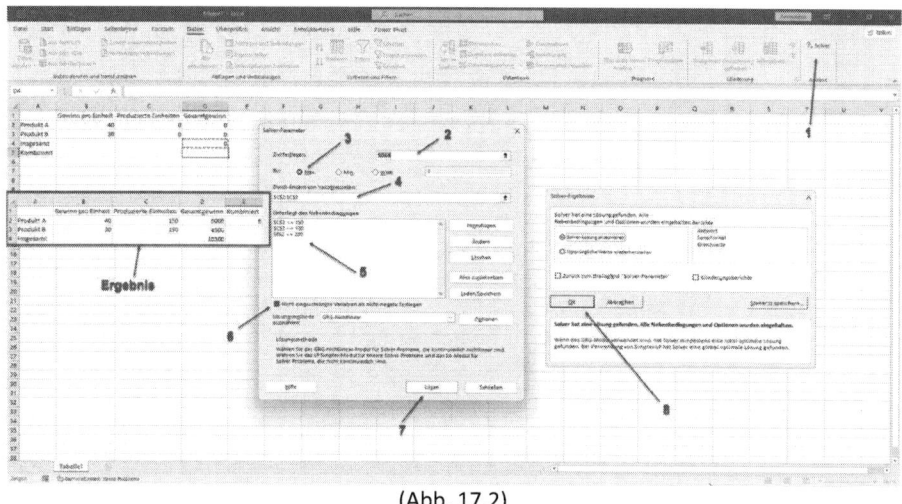

(Abb. 17.2)

Tipp: *Verwenden Sie Solver, um Geschäftsentscheidungen zu optimieren, wie z. B. die Minimierung von Kosten oder die Maximierung von Gewinnen, indem Sie relevante Variablen anpassen.*

17.2. Verwendung der WENN-Analyse

Die Was-wäre-wenn-Analyse umfasst Werkzeuge wie "Goal Seek" und "Data Table".

So verwenden Sie "Goal Seek":

1. **Gehen Sie zur Registerkarte "Daten" und wählen Sie "WENN-Analyse" > "Ziel suchen":**

   o   Dadurch wird das Dialogfeld Ziel suchen geöffnet.

2. **Legen Sie die Zielzelle, den Wert und die Änderungszelle fest:**

   o   Die Zielzelle ist die Zelle, die einen bestimmten Wert erreichen soll.

   o   Die sich ändernde Zelle ist die Eingabezelle, die von Goal Seek angepasst wird, um den Zielwert zu erreichen.

3. **Klicken Sie auf "OK":**

   o   Goal Seek passt den sich ändernden Zellenwert an, um den Zielwert in der Zielzelle zu erreichen. (Abb. 17.3).

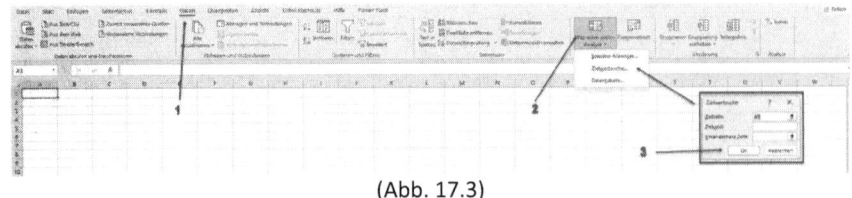

(Abb. 17.3)

Ausführliche Erläuterung: Mit der WENN-Analyse können Sie verschiedene Szenarien und deren Ergebnisse auf der Grundlage unterschiedlicher Eingabewerte untersuchen. Bei der "Zielsuche" wird ein einzelner Eingabewert angepasst, um ein gewünschtes Ergebnis zu erzielen, während bei der "Datentabelle" untersucht wird, wie sich Änderungen an einer oder zwei Variablen auf das Ergebnis auswirken.

Beispiel: Sie möchten herausfinden, um wie viel der Umsatz steigen muss, um ein Umsatzziel zu erreichen. Setzen Sie die Zielzelle auf die Umsatzzelle, geben Sie den gewünschten Umsatzwert an, und setzen Sie die Veränderungszelle auf die Verkaufsmenge. Goal Seek ermittelt die erforderliche Verkaufsmenge, um das Umsatzziel zu erreichen.

Tipp: Verwenden Sie die Was-wäre-wenn-Analyse, um Annahmen zu testen und Ergebnisse in Finanzmodellen und Geschäftsplänen vorherzusagen.

17.3. Erstellen von Prognosen und Trends

Mit Excel können Sie Prognosen und Trends auf der Grundlage von Daten erstellen:

1. **Wählen Sie den Datenbereich aus:**

   o Markieren Sie die historischen Daten, die Sie für die Prognosen verwenden möchten.

2. **Gehen Sie auf die Registerkarte "Daten" und wählen Sie "Prognose" > "Prognoseblatt":**

   o Dadurch wird das Dialogfeld Prognose-Arbeitsblatt erstellen geöffnet.

3. **Konfigurieren Sie die Prognoseparameter und klicken Sie auf "Erstellen":**

   o Passen Sie die Prognoseparameter an, z. B. das Startdatum der Prognose und das Konfidenzintervall.

   o Klicken Sie auf **Erstellen**, um das Prognoseblatt zu erstellen. (Abb. 17.4).

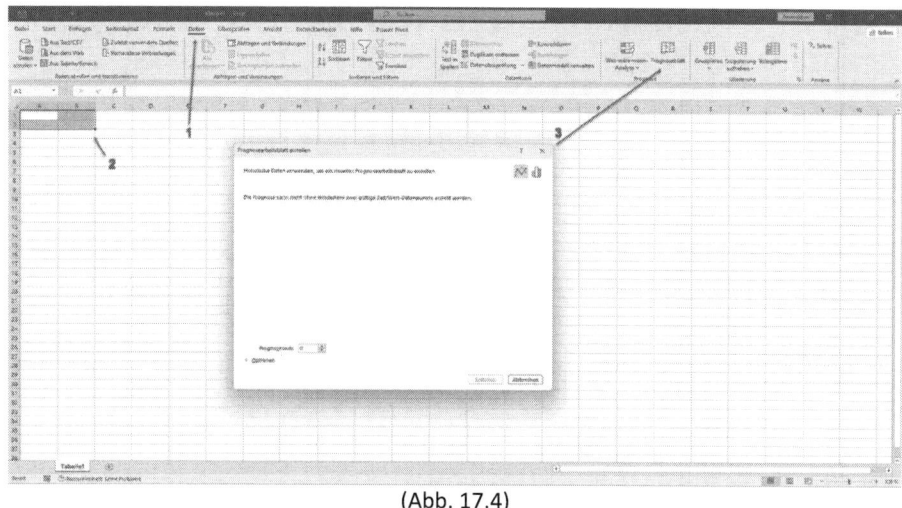

(Abb. 17.4)

Ausführliche Erläuterung: Prognosetools in Excel helfen bei der Vorhersage zukünftiger Werte auf der Grundlage von historischen Daten. Diese Funktion ist nützlich für Trendanalysen, saisonale Prognosen und die Vorhersage zukünftiger Leistungen.

Beispiel: Sie haben Umsatzdaten für das vergangene Jahr und möchten eine Umsatzprognose für die nächsten sechs Monate erstellen. Wählen Sie den Umsatzdatenbereich aus, öffnen Sie das Dialogfeld Prognoseblatt, und konfigurieren Sie die Parameter. Excel erstellt ein neues Blatt mit den prognostizierten Verkaufswerten.

Tipp: Aktualisieren Sie Ihre Prognosen regelmäßig mit neuen Daten, um ihre Genauigkeit und Relevanz zu verbessern.

17.4. Beispiele für die Verwendung von Datenanalysetools

Datenanalysetools werden verwendet für:

- **Optimierung der Produktionsprozesse:**

    - **Verwenden Sie Solver, um die optimale Mischung von Ressourcen zur Maximierung der Effizienz zu bestimmen.**

    - **Beispiel:** Ein Fertigungsunternehmen möchte seinen Produktionsplan optimieren, um die Produktion zu maximieren und gleichzeitig die Kosten zu minimieren. Der Solver kann die Produktionsebenen, die Ressourcenzuweisung und die Arbeitspläne anpassen, um die optimale Lösung zu finden.

- **Vorhersage der finanziellen Leistungsfähigkeit:**

- o **Erstellen Sie Prognosen, um Einnahmen, Ausgaben und Rentabilität vorherzusagen.**

- o **Beispiel:** Ein Finanzanalyst verwendet historische Verkaufsdaten, um zukünftige Einnahmen zu prognostizieren. Dies hilft bei der Budgetierung und Planung für das kommende Geschäftsjahr.

- **Analyse von Marketing-Kampagnen:**

  - o **Nutzen Sie die Was-wäre-wenn-Analyse, um die potenziellen Auswirkungen verschiedener Marketingstrategien zu bewerten.**

  - o **Beispiel:** Ein Marketingteam verwendet Goal Seek, um das Budget zu ermitteln, das benötigt wird, um eine bestimmte Anzahl von Neukunden zu gewinnen. Sie können verschiedene Marketingstrategien und ihre potenziellen Auswirkungen auf die Kundengewinnung testen.

- **Managerentscheidungen treffen:**

  - o **Verwendung von Datenanalysetools zur Unterstützung von Entscheidungsprozessen, indem sie Einblicke in verschiedene Geschäftsszenarien geben.**

  - o **Beispiel:** Ein Manager verwendet Datentabellen, um verschiedene Investitionsszenarien zu vergleichen. Dies hilft bei der Auswahl der rentabelsten Investitionsoption.

Ausführliche Erläuterung: Diese Werkzeuge sind für die datengestützte Entscheidungsfindung in Unternehmen unerlässlich. Sie helfen dabei, komplexe Daten zu analysieren, Trends zu erkennen und strategische Pläne zu entwickeln.

Tipp: Nutzen Sie diese Tools in Verbindung mit anderen Excel-Funktionen, wie z. B. Pivot-Tabellen und Diagrammen, um umfassende Analyseberichte zu erstellen.

Kapitel 18: Datenvisualisierung mit Power BI

18.1. Einführung in Power BI

Power BI ist ein leistungsstarkes Tool für die Datenvisualisierung und die Erstellung interaktiver Berichte. Es ermöglicht Ihnen die Verbindung mit verschiedenen Datenquellen und die Erstellung von Dashboards.

Ausführliche Erläuterung: Mit Power BI können Benutzer Rohdaten durch interaktive Visualisierungen und Berichte in aussagekräftige Erkenntnisse umwandeln. Seine Fähigkeit, sich mit einer Vielzahl von Datenquellen zu verbinden, macht es zu einem vielseitigen Tool für Business Intelligence.

Tipp: Nutzen Sie Power BI, um dynamische Dashboards zu erstellen, die Einblicke in Echtzeit bieten und eine bessere Entscheidungsfindung ermöglichen.

18.2. Daten aus Excel in Power BI importieren

So importieren Sie Daten aus Excel in Power BI:

1. **Öffnen Sie Power BI und wählen Sie "Daten abrufen":** (Abb. 18.1).

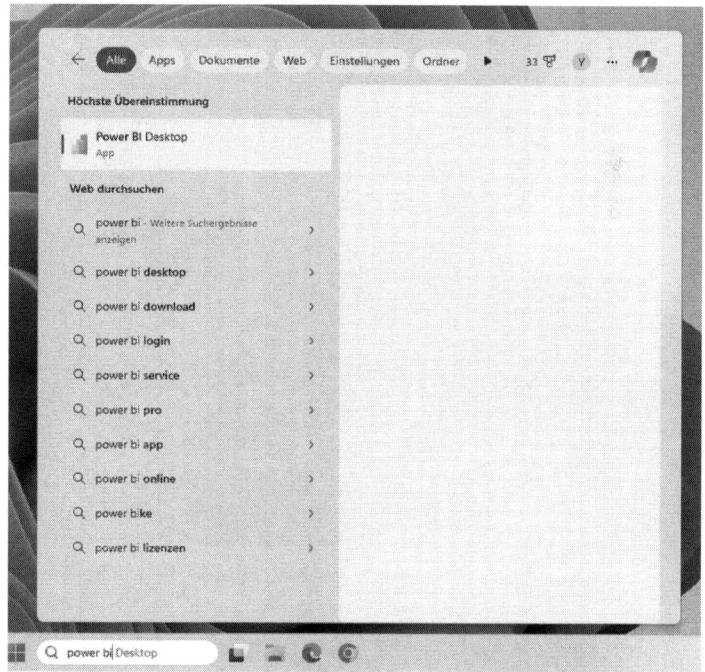

(Abb. 18.1)

○ Dadurch wird das Dialogfeld Daten abrufen geöffnet.

2. **Wählen Sie "Excel" und suchen Sie die Datei auf Ihrem Computer:**

○ Navigieren Sie zu dem Ort, an dem sich Ihre Excel-Datei befindet, und wählen Sie sie aus. (Abb. 18.2).

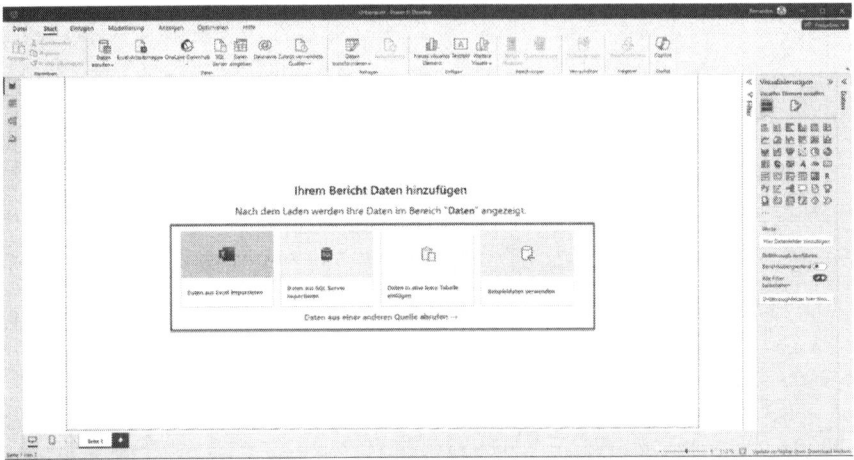

(Abb. 18.2)

3. **Wählen Sie die zu importierenden Tabellen oder Bereiche aus und klicken Sie auf "Laden":**

○ Power BI importiert die ausgewählten Daten und zeigt sie im Fenster "Felder" an (Abb. 18.3).

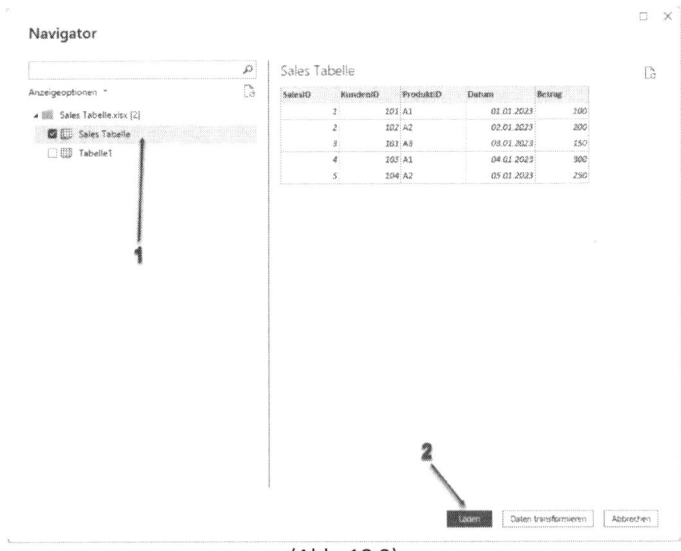

(Abb. 18.3)

Ausführliche Erläuterung: Der Import von Daten aus Excel in Power BI ist ein unkomplizierter Prozess. Sobald die Daten geladen sind, können sie mit den leistungsstarken Tools von Power BI transformiert und visualisiert werden.

Tipp: Stellen Sie sicher, dass Ihre Excel-Daten sauber und gut organisiert sind, bevor Sie sie in Power BI importieren, um den Prozess der Datenvisualisierung zu optimieren.

18.3. Berichte und Dashboards erstellen

Nach dem Import von Daten können Sie Berichte und Dashboards erstellen:

1. **Verwenden Sie visuelle Elemente zur Erstellung von Berichten:**

   o   Wählen Sie visuelle Elemente aus dem Bereich Visualisierungen aus, z. B. Diagramme, Schaubilder und Karten.

2. **Doppelklicken Sie auf visuelle Elemente, um sie der Leinwand hinzuzufügen und ihre Einstellungen anzupassen:**

   o   Passen Sie das Bildmaterial an, indem Sie die Einstellungen wie Datenfelder, Farben und Beschriftungen anpassen (Abb. 18.4).

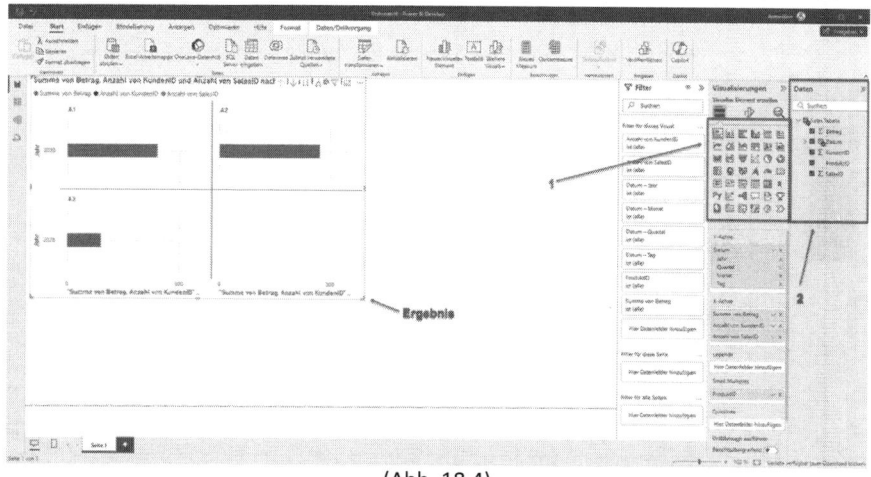

(Abb. 18.4)

Ausführliche Erläuterung: Power BI bietet eine breite Palette an visuellen Elementen, einschließlich Diagrammen, Grafiken und Karten, die an Ihre Berichtsanforderungen angepasst werden können. Berichte und Dashboards können interaktiv sein und ermöglichen es den Benutzern, sich in Details zu vertiefen.

Tipp: Entwerfen Sie Ihre Berichte und Dashboards mit Blick auf den Endnutzer. Stellen Sie sicher, dass die wichtigsten Metriken leicht zugänglich sind und dass die Darstellung klar und intuitiv ist.

18.4. Beispiele für die Verwendung von Power BI zur Datenvisualisierung

Power BI wird verwendet für:

- **Visualisierung von Verkäufen und Einnahmen:**

    o **Erstellen Sie Dashboards zur Verfolgung der Vertriebsleistung und der Umsatztrends.**

    Beispiel:

    o Erstellen Sie ein Liniendiagramm, das die monatlichen Verkaufstrends des letzten Jahres zeigt. Fügen Sie Filter hinzu, damit die Benutzer die Verkäufe nach Region oder Produktkategorie anzeigen können.

- **Analyse des Kundenverhaltens:**

    o **Nutzen Sie Visualisierungen, um das Kaufverhalten und die Vorlieben Ihrer Kunden zu verstehen.**

    Beispiel:

    o Erstellen Sie eine Heatmap, die die Kaufhäufigkeit der verschiedenen Kundensegmente anzeigt. Ermitteln Sie auf diese Weise die profitabelsten Kundengruppen.

- **Überwachung von Leistungsmetriken:**

    o **Verfolgen Sie wichtige Leistungsindikatoren (KPIs), um den Geschäftserfolg zu messen.**

    Beispiel:

    o Erstellen Sie ein KPI-Dashboard, das Kennzahlen wie Gesamtumsatz, Kundenzufriedenheit und Website-Besuch enthält. Verwenden Sie Messgeräte und Trendindikatoren, um die Leistung im Vergleich zu den Zielen hervorzuheben.

- **Berichterstattung über Marketing-Kampagnen:**

    o **Visualisierung der Wirksamkeit von Marketingkampagnen durch verschiedene Metriken und KPIs**

    Beispiel:

    o Erstellen Sie ein Dashboard, das den ROI verschiedener Marketingkampagnen anzeigt. Fügen Sie visuelle Elemente wie

Trichter- und Tortendiagramme ein, um Konversionsraten und Budgetzuweisungen anzuzeigen.

Ausführliche Erläuterung: Die Vielseitigkeit von Power BI macht es ideal für eine breite Palette von Datenvisualisierungsanforderungen. Ganz gleich, ob Sie Verkaufsdaten, Kundenverhalten oder Marketingleistung analysieren, Power BI bietet die Werkzeuge, um aufschlussreiche und umsetzbare Berichte zu erstellen.

Tipp: Aktualisieren Sie Ihre Power BI-Dashboards regelmäßig mit den neuesten Daten, um sicherzustellen, dass Ihre Erkenntnisse aktuell und relevant bleiben.

Teil IX
Zusammenarbeit und Integration mit anderen Systemen

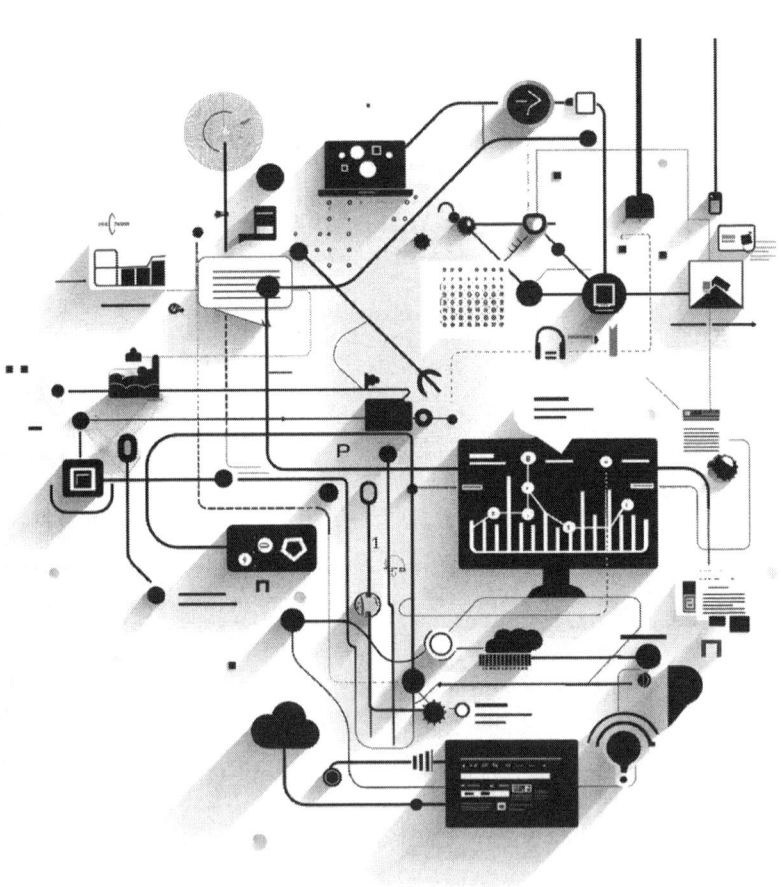

Kapitel 19: Zusammenarbeit in Excel

19.1. Co-Authoring Dateien

Excel ermöglicht es mehreren Benutzern, dieselbe Datei gleichzeitig zu bearbeiten. So schreiben Sie eine Datei mit:

1. **Speichern Sie die Datei in OneDrive oder SharePoint:**

   o Dies ermöglicht Funktionen für die Zusammenarbeit in Echtzeit.

2. **Klicken Sie auf "Teilen" in der oberen rechten Ecke des Excel-Fensters:**

   o Dadurch wird das Dialogfeld für die Freigabeoptionen geöffnet.

3. **Geben Sie die E-Mail-Adressen der Benutzer ein, für die Sie die Datei freigeben möchten:**

   o Sie können mehrere durch Semikolon getrennte E-Mail-Adressen hinzufügen.

4. **Legen Sie die Berechtigungen fest (nur bearbeiten oder anzeigen) und klicken Sie auf "Senden":**

   o Wählen Sie, ob die Benutzer die Datei bearbeiten oder nur anzeigen können, und klicken Sie dann auf Senden

Ausführliche Erläuterung: Das Co-Authoring in Excel ermöglicht die Zusammenarbeit in Echtzeit, so dass mehrere Benutzer gleichzeitig an derselben Arbeitsmappe arbeiten können. Diese Funktion ist besonders nützlich für Teamprojekte und die gemeinsame Datenanalyse.

Tipp: Verwenden Sie OneDrive oder SharePoint als Dateispeicher, um die Vorteile der Co-Authoring-Funktionen zu nutzen. Stellen Sie sicher, dass alle Mitwirkenden über die entsprechenden Berechtigungen für die Bearbeitung oder Anzeige der Datei verfügen.

Beispiel:

- **Schritt 1:** Speichern Sie Ihre Excel-Arbeitsmappe auf OneDrive.

- **Schritt 2:** Klicken Sie in der oberen rechten Ecke auf **Freigeben**.

- **Schritt 3:** Geben Sie die E-Mail-Adressen Ihrer Teammitglieder ein.

- **Schritt 4:** Setzen Sie die Berechtigungen auf "Kann bearbeiten" und klicken Sie auf **Senden**.

19.2. Kommentare und Notizen verwenden

Kommentare und Notizen ermöglichen es Ihnen, Anmerkungen zu hinterlassen und Änderungen zu besprechen:

1. **Wählen Sie die Zelle aus, in der Sie einen Kommentar hinzufügen möchten:**

   o   Dies wird die Zelle sein, die mit Ihrem Kommentar verbunden ist.

2. **Klicken Sie mit der rechten Maustaste und wählen Sie "Neuer Kommentar":**

   o   Daraufhin wird ein Kommentarfeld geöffnet, in das Sie Ihre Anmerkungen eingeben können.

3. **Geben Sie den Kommentartext ein und drücken Sie die Eingabetaste:**

   o   Ihr Kommentar wird gespeichert und mit der ausgewählten Zelle verknüpft

4. **Um eine Notiz hinzuzufügen, wählen Sie "Neue Notiz" anstelle von "Neuer Kommentar":**

   o   Notizen sind einfachere Anmerkungen, die als kleines rotes Dreieck in der Zelle erscheinen.

Ausführliche Erläuterung: Kommentare sind nützlich, um Feedback oder Fragen in einem Arbeitsblatt zu hinterlassen und die Kommunikation zwischen den Mitarbeitern zu erleichtern. Notizen hingegen sind einfachere Anmerkungen, die für zusätzliche Informationen oder Erinnerungen verwendet werden können.

Tipp: Verwenden Sie Kommentare für interaktive Diskussionen, die Antworten erfordern, und verwenden Sie Notizen für statische Anmerkungen.

Beispiel:

- **Schritt 1:** Wählen Sie die Zelle aus, in der Sie einen Kommentar hinzufügen möchten.

- **Schritt 2:** Klicken Sie mit der rechten Maustaste und wählen Sie **Neuer Kommentar.**

- **Schritt 3:** Geben Sie Ihren Kommentar ein und drücken Sie die **Eingabetaste.**

- **Schritt 4:** Um eine Notiz hinzuzufügen, klicken Sie mit der rechten Maustaste und wählen Sie stattdessen **Neue Notiz.**

19.3. Verfolgen von Änderungen und Überprüfen

Mit Excel können Sie die von verschiedenen Benutzern vorgenommenen Änderungen verfolgen:

1. **Gehen Sie auf die Registerkarte "Überprüfung" und wählen Sie "Änderungen verfolgen":**

   o Diese Option ermöglicht die Verfolgung der an der Arbeitsmappe vorgenommenen Änderungen.

2. **Aktivieren Sie "Änderungen während der Bearbeitung hervorheben":**

   o Mit dieser Einstellung werden Änderungen an der Arbeitsmappe in Echtzeit hervorgehoben.

3. **Konfigurieren Sie die Einstellungen für die Nachverfolgung (z. B. wer Änderungen vorgenommen hat und wann):**

   o Sie können festlegen, welche Änderungen verfolgt werden sollen und wie sie angezeigt werden sollen.

Ausführliche Erläuterung: Die Verfolgung von Änderungen hilft bei der Überwachung der an einer Arbeitsmappe vorgenommenen Änderungen und erleichtert die Überprüfung von Bearbeitungen, die Annahme oder Ablehnung von Änderungen und die Aufzeichnung der Zusammenarbeit.

Tipp: Aktivieren Sie die Änderungsverfolgung für gemeinsame Projekte, um Transparenz und Verantwortlichkeit zu gewährleisten. Überprüfen Sie die verfolgten Änderungen regelmäßig, um die Arbeitsmappe aktuell und korrekt zu halten.

Beispiel:

- **Schritt 1:** Gehen Sie auf die Registerkarte **Überprüfung** und wählen Sie **Änderungen verfolgen**.

- **Schritt 2:** Aktivieren Sie **Änderungen während der Bearbeitung hervorheben**.

- **Schritt 3:** Konfigurieren Sie die Einstellungen, um Änderungen zu verfolgen, die von bestimmten Benutzern oder innerhalb eines bestimmten Datumsbereichs vorgenommen wurden.

Kapitel 20: Integration von Excel mit anderen Anwendungen

20.1. Importieren/Exportieren von Daten mit Excel

Zum Austausch von Daten zwischen Excel und anderen Anwendungen:

1. Gehen Sie auf die Registerkarte "Daten" und wählen Sie "Daten abrufen" oder "Daten exportieren".

2. Wählen Sie die Quell- oder Zielanwendung (z. B. Access, SQL Server, Textdatei).

3. Konfigurieren Sie die Verbindungseinstellungen und importieren oder exportieren Sie Daten.

Ausführliche Erläuterung: Das Importieren und Exportieren von Daten zwischen Excel und anderen Anwendungen ermöglicht eine nahtlose Datenintegration. Dies ist entscheidend für die Nutzung von Daten aus verschiedenen Quellen und die Wahrung der Konsistenz über verschiedene Plattformen hinweg.

Tipp: Aktualisieren Sie regelmäßig Ihre Datenverbindungen, um sicherzustellen, dass Sie mit den aktuellsten verfügbaren Daten arbeiten. Verwenden Sie die entsprechenden Datenformate, um Kompatibilitätsprobleme zu vermeiden.

20.2. Verwendung von Excel mit Microsoft Teams und SharePoint

Excel ist eng mit Microsoft Teams und SharePoint integriert und erleichtert so die gemeinsame Nutzung von Dateien und die Zusammenarbeit:

1. Speichern Sie die Excel-Datei in einer SharePoint-Dokumentenbibliothek oder einem Microsoft Teams-Team.

2. Öffnen Sie die Datei in Teams oder SharePoint zur Bearbeitung.

3. Nutzen Sie Funktionen zur Zusammenarbeit wie Kommentare und Diskussionen in Teams.

Ausführliche Erläuterung: Die Integration mit Teams und SharePoint verbessert die Zusammenarbeit, indem ein zentraler Ort für die Speicherung von Dateien und die Bearbeitung in Echtzeit bereitgestellt wird. Diese Plattformen unterstützen fortschrittliche Funktionen für die Zusammenarbeit, wie Versionskontrolle und gleichzeitige Bearbeitung.

Tipp: Nutzen Sie die Chat- und Diskussionsfunktionen von Microsoft Teams, um die Kommunikation und Zusammenarbeit rund um Ihre Excel-Dateien in Echtzeit zu erleichtern.

20.3. Automatisieren von Aufgaben mit Microsoft Power Automate

Power Automate ermöglicht Ihnen die Automatisierung von Routineaufgaben und die Datenintegration zwischen Anwendungen:

1. Erstellen Sie einen neuen Ablauf in Power Automate.

2. Wählen Sie einen Auslöser (z. B. "Wenn eine neue Datei in OneDrive erstellt wird").

3. Konfigurieren Sie Aktionen (z. B. "Daten nach Excel kopieren").

4. Führen Sie den Fluss durch und testen Sie ihn).

Ausführliche Erläuterung: Mit Power Automate können Sie automatisierte Arbeitsabläufe, so genannte "Flows", erstellen, die eine Reihe von Aktionen auf der Grundlage von Auslösern durchführen können. Dies ist nützlich, um sich wiederholende Aufgaben zu automatisieren und die Datenkonsistenz zwischen verschiedenen Systemen zu gewährleisten.

Tipp: Verwenden Sie Power Automate, um Prozesse zu rationalisieren und manuelle Eingriffe zu reduzieren. Beginnen Sie mit einfachen Abläufen und bauen Sie nach und nach komplexere Automatisierungen auf, wenn Sie mit dem Tool besser vertraut sind.

Kapitel 21: Datenschutz und Sicherheit in Excel

21.1. Datensicherung mit Microsoft 365 Tools

Microsoft 365 bietet mehrere Tools zur Verbesserung des Datenschutzes:

1. **Verwenden Sie Information Rights Management (IRM), um den Zugriff auf Dateien einzuschränken:**

   o   IRM hilft zu kontrollieren, wer auf sensible Dateien zugreifen, sie kopieren, drucken oder weiterleiten darf.

   o   **Wo zu finden:**

       ▪   Gehen Sie in Excel auf die Registerkarte **Datei.**

       ▪   Wählen Sie **Info** > **Arbeitsmappe schützen** > **Zugriff einschränken.**

       ▪   Wählen Sie **Verbinden mit Rights Management Servern und erhalten Sie Vorlagen**, um bestimmte Einschränkungen anzuwenden.

2. **Einrichten von Richtlinien zur Verhinderung von Datenverlusten (DLP), um Datenlecks zu verhindern:**

   o   DLP-Richtlinien helfen bei der Identifizierung und dem Schutz sensibler Daten, wie Kreditkartennummern und Sozialversicherungsnummern.

   o   **Wo zu finden:**

       ▪   Besuchen Sie das Microsoft 365 Compliance Center unter compliance.microsoft.com.

       ▪   Navigieren Sie zu **Lösungen** > **Informationsschutz** > **Data Loss Prevention.**

       ▪   Erstellen und konfigurieren Sie Richtlinien zur Überwachung und zum Schutz sensibler Daten.

3. **Verwenden Sie Azure Information Protection zum Klassifizieren und Schützen von Daten:**

   o   Azure Information Protection (AIP) bietet erweiterte Funktionen zur Klassifizierung, Kennzeichnung und zum Schutz von Daten.

   o   **Wo zu finden:**

- Melden Sie sich beim Azure-Portal unter portal.azure.com an.

- Navigieren Sie zu **Azure Information Protection** unter **Alle Dienste**.

- Konfigurieren Sie Etiketten und Richtlinien, um Ihre Daten zu klassifizieren und zu schützen.

Ausführliche Erläuterung: Mit IRM können Sie die Zugriffs- und Nutzungsrechte für Ihre Excel-Dateien kontrollieren und so unbefugte Aktionen wie Kopieren oder Drucken verhindern. DLP-Richtlinien helfen dabei, sensible Informationen zu identifizieren und zu schützen, während Azure Information Protection erweiterte Klassifizierungs- und Kennzeichnungsfunktionen bietet.

Tipp: Implementieren Sie DLP-Richtlinien zur automatischen Überwachung und zum Schutz sensibler Daten in Ihrem Unternehmen.

Beispiel:

- **IRM:**

  1. **Schritt 1:** Öffnen Sie Ihre Excel-Datei und gehen Sie zu **Datei > Info > Arbeitsmappe schützen > Zugriff einschränken**.
  2. **Schritt 2:** Wählen Sie die entsprechenden Einschränkungen für Ihre Datei.

- **DLP:**

  1. **Schritt 1:** Rufen Sie das Microsoft 365 Compliance Center auf.
  2. **Schritt 2:** Erstellen Sie eine DLP-Richtlinie zur Überwachung und zum Schutz sensibler Daten.

- **AIP:**

  1. **Schritt 1:** Melden Sie sich beim Azure-Portal an.
  2. **Schritt 2:** Konfigurieren Sie Azure Information Protection-Labels und -Richtlinien

20.2. Bewährte Praktiken für die Datensicherheit in Excel

Die folgenden Empfehlungen tragen zum Schutz Ihrer Daten bei:

1. **Aktualisieren Sie Ihre Passwörter regelmäßig und verwenden Sie komplexe Passwörter:**

    o **Verwenden Sie eine Kombination aus Buchstaben, Zahlen und Sonderzeichen.**

    o **Wo zu finden:**

      ▪ Gehen Sie zu **Datei** > **Info** > **Arbeitsmappe schützen** > **Mit Kennwort verschlüsseln.**

2. **Verschlüsseln Sie sensible Dateien:**

    o **Verschlüsseln Sie immer Dateien mit persönlichen, finanziellen oder geschützten Informationen.**

    o **Wo zu finden:**

      ▪ Gehen Sie zu **Datei** > **Info** > **Arbeitsmappe schützen** > **Mit Kennwort verschlüsseln.**

      ▪ Geben Sie ein sicheres Passwort ein, um die Datei zu verschlüsseln.

3. **Beschränken Sie den Zugriff auf Dateien mit sensiblen Informationen:**

    o **Verwenden Sie die Berechtigungseinstellungen, um den Zugriff auf autorisiertes Personal zu beschränken.**

    o **Wo zu finden:**

      ▪ Verwenden Sie die Freigabefunktion in Excel, um Berechtigungen festzulegen.

      ▪ Gehen Sie zu **Datei** > **Freigeben** > **Für andere freigeben.**

      ▪ Setzen Sie die Berechtigungen auf **Kann bearbeiten** oder **Kann anzeigen.**

4. **Sichern Sie regelmäßig Ihre Daten:**

    o **Führen Sie regelmäßig Backups durch, um Datenverluste durch versehentliches Löschen oder Beschädigung zu vermeiden.**

    o **Wo zu finden:**

      ▪ Verwenden Sie OneDrive oder SharePoint für automatische Backups.

- Exportieren Sie Ihre Excel-Dateien regelmäßig an einen sicheren Ort.

Ausführliche Erläuterung: Die Anwendung dieser bewährten Verfahren erhöht die Sicherheit Ihrer Excel-Dateien und gewährleistet, dass Ihre Daten vor unbefugtem Zugriff und Datenverletzungen geschützt sind.

Tipp: Führen Sie in Ihrem Unternehmen eine Datenschutzrichtlinie ein, um Sicherheitspraktiken zu standardisieren und die Einhaltung von Datenschutzbestimmungen zu gewährleisten.

Beispiel:

- **Komplexe Passwörter:**
  1. **Schritt 1:** Gehen Sie zu **Datei > Info > Arbeitsmappe schützen > Mit Kennwort verschlüsseln**.
  2. **Schritt 2:** Geben Sie ein sicheres Passwort ein.

- **Dateien verschlüsseln:**
  1. **Schritt 1:** Gehen Sie zu **Datei > Info > Arbeitsmappe schützen > Mit Kennwort verschlüsseln**.
  2. **Schritt 2:** Geben Sie ein sicheres Passwort ein, um die Datei zu verschlüsseln.

- **Zugang beschränken:**
  1. **Schritt 1:** Gehen Sie zu **Datei > Freigeben > Für andere freigeben**.
  2. **Schritt 2:** Setzen Sie die Berechtigungen auf **Kann bearbeiten** oder **Kann anzeigen**.

- **Sichern Sie Ihre Daten:**
  1. **Schritt 1:** Verwenden Sie OneDrive oder SharePoint für automatische Backups.
  2. **Schritt 2:** Exportieren Sie Ihre Excel-Dateien regelmäßig an einen sicheren Ort.

Excel-Glossar

3D

3D-Verweis

Ein Verweis auf einen Bereich, der sich über mindestens zwei Arbeitsblätter in einer Arbeitsmappe erstreckt.

3D-Wände und Boden

Die Bereiche, die viele 3D-Diagrammtypen umgeben, die dem Diagramm Dimensionen und Grenzen geben. Zwei Wände und eine Etage werden innerhalb der Grundstücksfläche angezeigt.

A

Aktivieren

So machen Sie ein Diagrammblatt oder Arbeitsblatt zum aktiven oder ausgewählten Blatt. Das Blatt, das Sie aktivieren, bestimmt, welche Registerkarten angezeigt werden. Um ein Blatt zu aktivieren, klicken Sie auf die Registerkarte für das Blatt in der Arbeitsmappe.

Aktive Zelle

Die ausgewählte Zelle, in die Daten eingegeben werden, wenn Sie mit der Eingabe beginnen. Es ist jeweils nur eine Zelle aktiv. Die aktive Zelle wird durch einen starken Rahmen begrenzt.

Aktives Blatt

Das Blatt, an dem Sie in einer Arbeitsmappe arbeiten. Der Name auf der Registerkarte des aktiven Blatts ist fett formatiert.

Address

Der Pfad zu einem Objekt, Einem Dokument, einer Datei, einer Seite oder einem anderen Ziel. Eine Adresse kann eine URL (Webadresse) oder ein UNC-Pfad (Netzwerkadresse) sein und einen bestimmten Speicherort innerhalb einer Datei enthalten, z. B. ein Word-Lesezeichen oder ein Excel-Zellbereich.

Alternativer Startordner

Ein Ordner zusätzlich zum Ordner XLStart, der Arbeitsmappen oder andere Dateien enthält, die beim Starten von Excel automatisch geöffnet werden sollen, und Vorlagen, die beim Erstellen neuer Arbeitsmappen verfügbar sein sollen.

Argument

Die Werte, die eine Funktion zum Ausführen von Vorgängen oder Berechnungen verwendet. Der Typ des Arguments, das eine Funktion verwendet, ist spezifisch für die Funktion. Häufige Argumente, die in Funktionen verwendet werden, sind Zahlen, Text, Zellbezüge und Namen.

Matrix (Array)

Wird verwendet, um einzelne Formeln zu erstellen, die mehrere Ergebnisse erzeugen oder mit einer Gruppe von Argumenten arbeiten, die in Zeilen und Spalten angeordnet sind. Ein Arraybereich verwendet eine gemeinsame Formel. Eine Arraykonstante ist eine Gruppe von Konstanten, die als Argument verwendet werden.

Matrixformel

Eine Formel, die mehrere Berechnungen für einen oder mehrere Werte ausführt und dann entweder ein einzelnes Ergebnis oder mehrere Ergebnisse zurückgibt. Arrayformeln werden zwischen geschweiften Klammern { } eingeschlossen und durch Drücken von STRG+UMSCHALT+EINGABETASTE eingegeben.

Zugeordnete PivotTable

Die PivotTable, die die Quelldaten für das PivotChart bereitstellt. Es wird automatisch erstellt, wenn Sie ein neues PivotChart erstellen. Wenn Sie das Layout eines berichts ändern, ändert sich auch der andere.

Autoformatierung

Eine integrierte Auflistung von Zellformaten (z. B. Schriftgrad, Muster und Ausrichtung), die Sie auf einen Datenbereich anwenden können. Excel bestimmt die Zusammenfassungs- und Detailebenen im ausgewählten Bereich und wendet die Formate entsprechend an.

Axis

Eine Linie, die an die Diagrammplotfläche grenzt, die als Bezugsrahmen für die Messung verwendet wird. Die y-Achse ist in der Regel die vertikale Achse und enthält Daten. Die x-Achse ist in der Regel die horizontale Achse und enthält Kategorien.

B

Basisadresse

Der relative Pfad, den Excel für die Zieladresse verwendet, wenn Sie einen Link einfügen. Dies kann eine Internetadresse (URL), ein Pfad zu einem Ordner auf Ihrer Festplatte oder ein Pfad zu einem Ordner in einem Netzwerk sein.

Border

Eine dekorative Linie, die auf Arbeitsblattzellen oder -objekte wie Diagramme, Bilder oder Textfelder angewendet werden kann. Rahmen unterscheiden, hervorheben oder gruppieren Elemente.

C

Berechnete Spalte

In einer Excel-Tabelle verwendet eine berechnete Spalte eine einzelne Formel, die für jede Zeile angepasst wird. Sie wird automatisch erweitert, um zusätzliche Zeilen einzuschließen, sodass die Formel sofort auf diese Zeilen erweitert wird.

Berechnetes Feld (Datenbank)

Ein Feld im Resultset einer Abfrage, das anstelle von Daten aus einer Datenbank das Ergebnis eines Ausdrucks anzeigt.

Berechnetes Feld (PivotTable)

Ein Feld in einer PivotTable oder einem PivotChart, das eine von Ihnen erstellte Formel verwendet. Berechnete Felder können Berechnungen mithilfe des Inhalts anderer Felder in der PivotTable oder im PivotChart ausführen.

Berechnetes Element

Ein Element innerhalb eines PivotTable-Felds oder PivotChart-Felds, das eine von Ihnen erstellte Formel verwendet. Berechnete Elemente können Berechnungen mithilfe des Inhalts anderer Elemente innerhalb desselben Felds der PivotTable oder des PivotCharts ausführen.

Kategorieachse

Eine Diagrammachse, die die Kategorie für jeden Datenpunkt darstellt. Es werden beliebige Textwerte wie Qtr1, Qtr2 und Qtr3 angezeigt. Skalierte numerische Werte können nicht angezeigt werden.

Kategoriefeld

Ein Feld, das im Kategoriebereich des PivotCharts angezeigt wird. Elemente in einem Kategoriefeld werden als Bezeichnungen auf der Kategorieachse angezeigt.

Zelle

Ein Feld, das durch die Schnittmenge einer Zeile und Spalte in einem Arbeitsblatt oder einer Tabelle gebildet wird, in die Sie Informationen eingeben.

Zellbezug

Der Koordinatensatz, den eine Zelle auf einem Arbeitsblatt einnimmt. Beispielsweise ist der Bezug der Zelle, die am Schnittpunkt von Spalte B und Zeile 3 angezeigt wird, B3.

Zertifizierungsstelle

Eine kommerzielle Organisation oder eine Gruppe innerhalb eines Unternehmens, die Tools wie Microsoft Certificate Server verwendet, um digitale Zertifikate bereitzustellen, die Softwareentwickler zum Signieren von Makros und Benutzer zum Signieren von Dokumenten verwenden können.

Änderungsverlauf

In einer freigegebenen Arbeitsmappe informationen, die über Änderungen verwaltet werden, die in vergangenen Bearbeitungssitzungen vorgenommen wurden. Die Informationen umfassen den Namen der Person, die jede Änderung vorgenommen hat, wann die Änderung vorgenommen wurde und welche Daten geändert wurden.

Diagrammfläche

Das gesamte Diagramm und alle zugehörigen Elemente.

Diagrammblatt

Ein Blatt in einer Arbeitsmappe, das nur ein Diagramm enthält. Ein Diagrammblatt ist vorteilhaft, wenn Sie ein Diagramm oder ein PivotChart getrennt von Arbeitsblattdaten oder einer PivotTable anzeigen möchten.

Spaltenfeld

Ein Feld, dem eine Spaltenausrichtung in einer PivotTable zugewiesen ist. Einem Spaltenfeld zugeordnete Elemente werden als Spaltenbeschriftungen angezeigt.

Spaltenüberschrift

Der schattierte Bereich oben in jeder Datenbereichsspalte, die den Feldnamen enthält.

Spaltenüberschrift

Der graue Bereich mit Buchstaben oder Nummerierungen oben in jeder Spalte. Klicken Sie auf die Spaltenüberschrift, um eine gesamte Spalte auszuwählen. Um die Breite einer Spalte zu vergrößern oder zu verringern, ziehen Sie die Linie nach rechts neben der Spaltenüberschrift.

Vergleichskriterien

Eine Reihe von Suchbedingungen, die zum Suchen von Daten verwendet werden. Vergleichskriterien können eine Reihe von Zeichen sein, die Sie abgleichen möchten, z. B. "Northwind Traders" oder ein Ausdruck wie ">300".

Vergleichsoperator

Ein Zeichen, das in Vergleichskriterien verwendet wird, um zwei Werte zu vergleichen. Die sechs Standards sind = Gleich, > Größer als, < Kleiner als, >= Größer als oder gleich, <= Kleiner oder gleich und <> Nicht gleich.

Bedingtes Format

Ein Format, z. B. Zellenschattierung oder Schriftfarbe, das Excel automatisch auf Zellen anwendet, wenn eine angegebene Bedingung erfüllt ist.

Konsolidierungstabelle

Die Tabelle der kombinierten Ergebnisse, die im Zielbereich angezeigt werden. Excel erstellt die Konsolidierungstabelle, indem die von Ihnen ausgewählte Zusammenfassungsfunktion auf die von Ihnen angegebenen Quellbereichswerte angewendet wird.

Konstante

Ein Wert, der nicht berechnet wird. Beispielsweise sind die Zahl 210 und der Text "Vierteljährliche Einnahmen" Konstanten. Ein Ausdruck oder ein Wert, der sich aus einem Ausdruck ergibt, ist keine Konstante.

Einschränkungen

Die Einschränkungen, die für ein Solver-Problem gelten. Sie können Einschränkungen auf anpassbare Zellen, die Zielzelle oder andere Zellen anwenden, die direkt oder indirekt mit der Zielzelle verknüpft sind.

Kopierbereich

Die Zellen, die Sie kopieren, wenn Sie Daten an einen anderen Speicherort einfügen möchten. Nachdem Sie Zellen kopiert haben, wird ein verschobener Rahmen um sie herum angezeigt, um anzugeben, dass sie kopiert wurden.

Kriterien

Bedingungen, die Sie angeben, um einzuschränken, welche Datensätze im Resultset einer Abfrage enthalten sind. Mit dem folgenden Kriterium werden beispielsweise Datensätze ausgewählt, deren Wert für das Feld Order Amount größer als 30.000 ist: Order Amount > 30000.

Kriterienbereich

Der Bereich des Fensters, in dem die Kriterien angezeigt werden, die zum Einschränken der im Resultset Ihrer Abfrage enthaltenen Datensätze verwendet werden.

Aktuelle Region

Der Block der ausgefüllten Zellen, der die aktuell ausgewählte Zelle oder Zellen enthält. Der Bereich erstreckt sich in alle Richtungen bis zur ersten leeren Zeile oder Spalte.

Benutzerdefinierte Berechnung

Eine Methode zum Zusammenfassen von Werten im Datenbereich einer PivotTable mithilfe der Werte in anderen Zellen im Datenbereich. Verwenden Sie die Liste Daten anzeigen als im Dialogfeld PivotTable-Feld für ein Datenfeld, um benutzerdefinierte Berechnungen zu erstellen.

D

Datenformular

Ein Dialogfeld, in dem jeweils ein vollständiger Datensatz angezeigt wird. Sie können Datenformulare verwenden, um Datensätze hinzuzufügen, zu ändern, zu suchen und zu löschen.

Datenbeschriftung

Eine Bezeichnung, die zusätzliche Informationen zu einem Datenmarker bereitstellt, der einen einzelnen Datenpunkt oder Wert darstellt, der aus einer Datenblattzelle stammt.

Datenmarkierung

Ein Balken, ein Bereich, ein Punkt, ein Segment oder ein anderes Symbol in einem Diagramm, das einen einzelnen Datenpunkt oder Wert darstellt, der aus einer Datenblattzelle stammt. Verwandte Datenmarkierungen in einem Diagramm bilden eine Datenreihe.

Daten (Bereich)
Der Bereich des Fensters, in dem das Resultset Ihrer Abfrage angezeigt wird.
Datenpunkte
Einzelne Werte, die in einem Diagramm dargestellt werden. Verwandte Datenpunkte bilden eine Datenreihe. Datenpunkte werden durch Balken, Spalten, Linien, Slices, Punkte und andere Formen dargestellt. Diese Shapes werden als Datenmarker bezeichnet.
Datenbereich
Ein Zellbereich, der Daten enthält und durch leere Zellen oder Datenblattrahmen begrenzt ist.
Datenreihe
Verwandte Datenpunkte, die in einem Diagramm dargestellt werden und aus Datenblattzeilen oder -spalten stammen. Jede Datenreihe in einem Diagramm weist eine eindeutige Farbe oder ein eindeutiges Muster auf. Sie können eine oder mehrere Datenreihen in einem Diagramm darstellen. Kreisdiagramme haben nur eine Datenreihe.
Datenquelle
Ein gespeicherter Satz von "Quellinformationen", die zum Herstellen einer Verbindung mit einer Datenbank verwendet werden. Eine Datenquelle kann den Namen und Speicherort des Datenbankservers, den Namen des Datenbanktreibers und Informationen enthalten, die die Datenbank bei der Anmeldung benötigt.
Datenquellentreiber
Eine Programmdatei, die zum Herstellen einer Verbindung mit einer bestimmten Datenbank verwendet wird. Jedes Datenbankprogramm oder Verwaltungssystem erfordert einen anderen Treiber.
Datentabelle
Ein Zellbereich, der die Ergebnisse des Ersetzens verschiedener Werte in einer oder mehreren Formeln anzeigt. Es gibt zwei Arten von Datentabellen: Tabellen mit einer Eingabe und Tabellen mit zwei Eingaben.
Datentabelle in Diagrammen
Ein Raster, das einigen Diagrammen hinzugefügt werden kann und die numerischen Daten enthält, die zum Erstellen des Diagramms verwendet werden. Die Datentabelle ist in der Regel an die horizontale Achse des Diagramms angefügt und ersetzt die Teilstrichbeschriftungen auf der horizontalen Achse.
Datenüberprüfung
Ein Excel-Feature, das Sie verwenden können, um Einschränkungen darüber zu definieren, welche Daten in eine Zelle eingegeben werden dürfen oder sollten, und um Meldungen anzuzeigen, die Benutzer zur Eingabe korrekter Einträge auffordern und Benutzer über falsche Einträge benachrichtigen.
Datenbank
Eine Sammlung von Daten, die sich auf ein bestimmtes Thema oder einen bestimmten Zweck beziehen. Innerhalb einer Datenbank werden Informationen zu einer bestimmten Entität, z. B. einem Mitarbeiter oder einer Bestellung, in Tabellen, Datensätzen und Feldern kategorisiert.
DDE-Konversation
Die Interaktion zwischen zwei Anwendungen, die Daten über spezielle Funktionen und Code kommunizieren und austauschen, die als dynamischer Datenaustausch (Dynamic Data Exchange, DDE) bezeichnet werden.
Standardstartarbeitsmappe

Die neue, nicht gespeicherte Arbeitsmappe, die beim Starten von Excel angezeigt wird. Die Standardstartarbeitsmappe wird nur angezeigt, wenn Sie keine anderen Arbeitsmappen in den Ordner XLStart eingeschlossen haben.

Standardarbeitsmappenvorlage

Die Vorlage Book.xlt, die Sie erstellen, um das Standardformat neuer Arbeitsmappen zu ändern. Excel verwendet die Vorlage, um eine leere Arbeitsmappe zu erstellen, wenn Sie Excel starten oder eine neue Arbeitsmappe ohne Angabe einer Vorlage erstellen.

Standardarbeitsblattvorlage

Die Sheet.xlt-Vorlage, die Sie erstellen, um das Standardformat neuer Arbeitsblätter zu ändern. Excel verwendet die Vorlage, um ein leeres Arbeitsblatt zu erstellen, wenn Sie einer Arbeitsmappe ein neues Arbeitsblatt hinzufügen.

Dependents

Zellen, die Formeln enthalten, die auf andere Zellen verweisen. Wenn beispielsweise Zelle D10 die Formel "=B5" enthält, ist Zelle D10 ein Nachfolger von Zelle B5.

Zielbereich

Der Zellbereich, den Sie für die zusammengefassten Daten in einer Konsolidierung auswählen. Der Zielbereich kann sich auf demselben Arbeitsblatt wie die Quelldaten oder auf einem anderen Arbeitsblatt befinden. Ein Arbeitsblatt kann nur eine Konsolidierung enthalten.

Detaildaten

Bei automatischen Teilergebnissen und Arbeitsblattgliederungen die Teilergebniszeilen oder -spalten, die durch Zusammenfassungsdaten summiert werden. Detaildaten liegen in der Regel neben und entweder oberhalb oder links neben den Zusammenfassungsdaten.

Bezugslinien: Verfügbar in 2D- und 3D-Flächen- und Liniendiagrammen.

In Linien- und Flächendiagrammen Linien, die sich von einem Datenpunkt bis zur Kategorieachse (x) erstrecken. Nützlich in Flächendiagrammen, um zu verdeutlichen, wo ein Datenmarker endet und der nächste beginnt.

Dropdown-Listenfeld

Ein Steuerelement in einem Menü, einer Symbolleiste oder einem Dialogfeld, das eine Liste von Optionen anzeigt, wenn Sie auf den kleinen Pfeil neben dem Listenfeld klicken.

E

Eingebettetes Diagramm

Ein Diagramm, das nicht auf einem separaten Diagrammblatt, sondern auf einem Arbeitsblatt platziert wird. Eingebettete Diagramme sind vorteilhaft, wenn Sie ein Diagramm oder ein PivotChart mit seinen Quelldaten oder anderen Informationen in einem Arbeitsblatt anzeigen oder drucken möchten.

Fehlerindikatoren

Fehlerindikatoren, die in der Regel in statistischen oder wissenschaftlichen Daten verwendet werden, zeigen potenzielle Fehler oder den Grad der Unsicherheit im Verhältnis zu jedem Datenmarker in einer Reihe an.

Excel-Add-In

Komponenten, die auf Ihrem Computer installiert werden können, um Excel Befehle und Funktionen hinzuzufügen. Diese Add-In-Programme sind spezifisch für Excel. Andere Add-In-Programme, die für Excel oder Office verfügbar sind, sind COM-Add-Ins (Component Object Model).

Excel-Tabelle

Früher als Excel-Liste bezeichnet, können Sie eine Excel-Tabelle erstellen, formatieren und erweitern, um die Daten auf Ihrem Arbeitsblatt zu organisieren.

Expression

Eine Kombination aus Operatoren, Feldnamen, Funktionen, Literalen und Konstanten, die zu einem einzelnen Wert ausgewertet werden. Ausdrücke können Kriterien angeben (z. B. Order Amount>10000) oder Berechnungen für Feldwerte (z. B. Price*Quantity) ausführen.

Externe Daten

Daten, die außerhalb von Excel gespeichert sind. Beispiele hierfür sind Datenbanken, die in Access, dBASE, SQL Server oder auf einem Webserver erstellt wurden.

Externer Datenbereich

Ein Datenbereich, der in ein Arbeitsblatt eingefügt wird, aber außerhalb von Excel stammt, z. B. in einer Datenbank oder Textdatei. In Excel können Sie die Daten formatieren oder in Berechnungen wie andere Daten verwenden.

Externer Verweis

Ein Verweis auf eine Zelle oder einen Bereich auf einem Blatt in einer anderen Excel-Arbeitsmappe oder ein Verweis auf einen definierten Namen in einer anderen Arbeitsmappe.

F

Feld (Datenbank)

Eine Kategorie von Informationen, z. B. Nachname oder Bestellbetrag, die in einer Tabelle gespeichert sind. Wenn Query ein Resultset im Datenbereich anzeigt, wird ein Feld als Spalte dargestellt.

Feld (PivotTable)

In einer PivotTable oder einem PivotChart eine Kategorie von Daten, die von einem Feld in den Quelldaten abgeleitet werden. PivotTables verfügen über Zeilen-, Spalten-, Seiten- und Datenfelder. PivotCharts verfügen über Reihen-, Kategorie-, Seiten- und Datenfelder.

Ausfüllkästchen

Das kleine schwarze Quadrat in der unteren rechten Ecke der Auswahl. Wenn Sie auf den Füllpunkt zeigen, ändert sich der Zeiger in ein schwarzes Kreuz.

Filtern

Um nur die Zeilen in einer Liste anzuzeigen, die die von Ihnen angegebenen Bedingungen erfüllen. Mit dem Befehl AutoFilter können Sie Zeilen anzeigen, die einem oder mehreren bestimmten Werten, berechneten Werten oder Bedingungen entsprechen.

Schriftart

Ein Grafikdesign, das auf alle Ziffern, Symbole und alphabetischen Zeichen angewendet wird. Wird auch als Typ oder Schriftart bezeichnet. Arial und Courier New sind Beispiele für Schriftarten. Schriftarten sind in der Regel in verschiedenen Größen verfügbar, z. B. 10 Punkt, und verschiedene Formatvorlagen, z. B. fett.

Formel

Eine Sequenz von Werten, Zellbezügen, Namen, Funktionen oder Operatoren in einer Zelle, die zusammen einen neuen Wert erzeugen. Eine Formel beginnt immer mit dem Gleichheitszeichen (=).

Formula bar

Eine Leiste am oberen Rand des Excel-Fensters, die Sie zum Eingeben oder Bearbeiten von Werten oder Formeln in Zellen oder Diagrammen verwenden. Zeigt den konstanten Wert oder die Formel an, die in der aktiven Zelle gespeichert ist.

Formelpalette

Ein Tool, das Sie beim Erstellen oder Bearbeiten einer Formel unterstützt und außerdem Informationen zu Funktionen und deren Argumenten bereitstellt.

Funktion (Microsoft Query)

Ein Ausdruck, der einen Wert basierend auf den Ergebnissen einer Berechnung zurückgibt. Die Abfrage geht davon aus, dass Datenquellen die Funktionen Avg, Count, Max, Min und Sum unterstützen. Einige Datenquellen unterstützen möglicherweise nicht alle diese Oder zusätzliche Funktionen.

Funktion (Office Excel)

Eine vorgeschriebene Formel, die einen Wert oder Werte akzeptiert, einen Vorgang ausführt und einen oder mehrere Werte zurückgibt. Verwenden Sie Funktionen, um Formeln auf einem Arbeitsblatt zu vereinfachen und zu kürzen, insbesondere solche, die langwierige oder komplexe Berechnungen ausführen.

G

Zielsuche

Eine Methode zum Suchen eines bestimmten Werts für eine Zelle durch Anpassen des Werts einer anderen Zelle. Bei der Zielsuche variiert Excel den Wert in einer Zelle, die Sie angeben, bis eine Formel, die von dieser Zelle abhängig ist, das gewünschte Ergebnis zurückgibt.

Raster

Ein Satz von sich überschneidenden Linien, die zum Ausrichten von Objekten verwendet werden.

Gitternetzlinien in Diagrammen

Linien, die Sie einem Diagramm hinzufügen können, die das Anzeigen und Auswerten von Daten erleichtern. Gitternetzlinien erstrecken sich von den Teilstrichen auf einer Achse über die Zeichnungsfläche.

Gruppe

In einer Gliederung oder PivotTable eine oder mehrere Detailzeilen oder -spalten, die an eine Zusammenfassungszeile oder -spalte angrenzen und einer Zusammenfassungszeile oder -spalte untergeordnet sind.

H

Spannweitenlinien: Verfügbar in 2D-Liniendiagrammen und standardmäßig in Kursdiagrammen angezeigt.

In 2D-Liniendiagrammen Linien, die sich vom höchsten bis zum niedrigsten Wert in jeder Kategorie erstrecken. High-Low-Linien werden häufig in Aktiendiagrammen verwendet.

Verlaufsarbeitsblatt

Ein separates Arbeitsblatt, in dem Änderungen aufgelistet sind, die in einer freigegebenen Arbeitsmappe nachverfolgt werden, einschließlich des Namens der Person, die die Änderung vorgenommen hat, wann und wo sie vorgenommen wurde, welche Daten gelöscht oder ersetzt wurden und wie Konflikte gelöst wurden.

I

Bezeichner

Ein Feldname, der in einem Ausdruck verwendet wird. Order Amount ist beispielsweise der Bezeichner (Feldname) für ein Feld, das Bestellbeträge enthält. Sie können einen Ausdruck (z. B. Price*Quantity) anstelle eines Bezeichners verwenden.

Implizite Schnittmenge

Ein Bezug auf einen Zellbereich anstelle einer einzelnen Zelle, der wie eine einzelne Zelle berechnet wird. Wenn Zelle C10 die Formel =B5:B15*5 enthält, multipliziert Excel den Wert in Zelle B10 mit 5, da sich die Zellen B10 und C10 in derselben Zeile befinden.

Index

Eine Datenbankkomponente, die die Suche nach Daten beschleunigt. Wenn eine Tabelle über einen Index verfügt, können Die Daten in der Tabelle gefunden werden, indem Sie sie im Index nachschlagen.

Innere Verknüpfung

In Abfrage der Standardtyp der Verknüpfung zwischen zwei Tabellen, bei dem nur die Datensätze ausgewählt werden, die die gleichen Werte in den verknüpften Feldern aufweisen. Die beiden übereinstimmenden Datensätze aus jeder Tabelle werden kombiniert und als ein Datensatz im Resultset angezeigt.

Eingabezelle

Die Zelle, in der jeder Eingabewert aus einer Datentabelle ersetzt wird. Jede Zelle auf einem Arbeitsblatt kann die Eingabezelle sein. Obwohl die Eingabezelle nicht Teil der Datentabelle sein muss, müssen sich die Formeln in Datentabellen auf die Eingabezelle beziehen.

Zeile einfügen

In einer Excel-Tabelle eine spezielle Zeile, die die Dateneingabe erleichtert. Die Zeile Einfügen wird durch ein Sternchen gekennzeichnet.

Internet Explorer

Ein Webbrowser, der HTML-Dateien interpretiert, in Webseiten formatiert und dem Benutzer anzeigt. Sie können Internet Explorer von der Microsoft-Website unter http://www.microsoft.com herunterladen.

Item

Eine Unterkategorie eines Felds in PivotTables und PivotCharts. Beispielsweise könnte das Feld "Monat" Elemente wie "Januar", "Februar" usw. enthalten.

Iteration:

Wiederholte Berechnung eines Arbeitsblatts, bis eine bestimmte numerische Bedingung erfüllt ist.

J

Teilnehmen
Eine Verbindung zwischen mehreren Tabellen, bei der Datensätze aus verwandten
Feldern, die übereinstimmen, kombiniert und als ein Datensatz angezeigt werden.
Datensätze, die nicht übereinstimmen, können je nach Jointyp eingeschlossen oder
ausgeschlossen werden.

Verknüpfungslinie
In Abfrage eine Zeile, die Felder zwischen zwei Tabellen verbindet und abfrage zeigt, wie
die Daten miteinander verknüpft sind. Der Jointyp gibt an, welche Datensätze für das
Resultset der Abfrage ausgewählt werden.

Blocksatz
Zum Anpassen des horizontalen Abstands, sodass Text am linken und rechten Rand
gleichmäßig ausgerichtet wird. Durch das Rechtfertigen von Text entsteht auf beiden
Seiten eine glatte Kante.

L

Legende
Ein Feld, das die Muster oder Farben identifiziert, die den Datenreihen oder Kategorien in
einem Diagramm zugewiesen sind.

Legendentasten
Symbole in Legenden, die die Muster und Farben anzeigen, die der Datenreihe (oder den
Kategorien) in einem Diagramm zugewiesen sind. Legendentasten werden links neben
Legendeneinträgen angezeigt. Beim Formatieren eines Legendenschlüssels wird auch der
Datenmarker formatiert, der diesem zugeordnet ist.

Gesperrtes Feld oder Datensatz
Die Bedingung eines Datensatzes, Felds oder eines anderen Objekts in einer Datenbank,
die es ermöglicht, in Abfrage anzuzeigen, aber nicht (schreibgeschützt) zu ändern.

M

Zugeordneter Bereich
Ein Bereich in einer XML-Liste, der mit einem Element in einer XML-Zuordnung verknüpft
wurde.

Matrix
Ein rechteckiges Array von Werten oder ein Zellbereich, der mit anderen Arrays oder
Bereichen kombiniert wird, um mehrere Summen oder Produkte zu erzeugen. Excel
verfügt über vordefinierte Matrixfunktionen, die die Summen oder Produkte erzeugen
können.

Zusammengeführte Zelle
Eine einzelne Zelle, die durch Kombinieren von zwei oder mehr ausgewählten Zellen
erstellt wird. Als Zellbezug für eine verbundene Zelle dient die obere linke Zelle des
ursprünglich ausgewählten Bereichs.

Microsoft Excel-Steuerelement
Ein natives Excel-Steuerelement, das kein ActiveX-Steuerelement ist.

Microsoft Visual Basic-Hilfe
Um Hilfe für Visual Basic in Excel zu erhalten, klicken Sie auf der
Registerkarte **Entwicklertools** in der Gruppe **Code** auf **Visual Basic** und dann im
Menü **Hilfe** auf **Microsoft Visual Basic-Hilfe**.

Gleitender Durchschnitt
Eine Sequenz von Durchschnittswerten, die aus Teilen einer Datenreihe berechnet
werden. In einem Diagramm glättet ein gleitender Durchschnitt die Schwankungen der
Daten, wodurch das Muster oder der Trend deutlicher dargestellt wird.

Verschieben des Rahmens
Ein animierter Rahmen, der um einen Arbeitsblattbereich herum angezeigt wird, der
ausgeschnitten oder kopiert wurde. Um einen sich bewegenden Rahmen abzubrechen,
drücken Sie ESC.

Kategoriebezeichnungen mit mehreren Ebenen
Kategoriebeschriftungen in einem Diagramm, die basierend auf Arbeitsblattdaten
automatisch auf mehreren Linien in einer Hierarchie angezeigt werden. Beispielsweise
kann die Überschrift "Produzieren" über einer Zeile mit den Überschriften "Tofu", "Äpfel"
und "Birnen" angezeigt werden.

N

Name
Ein Wort oder eine Zeichenfolge, die eine Zelle, einen Zellbereich, eine Formel oder einen
konstanten Wert darstellt. Verwenden Sie leicht verständliche Namen wie Produkte, um
auf schwer verständliche Bereiche zu verweisen, z. B. Sales! C20:C30.

Namenfeld
Feld am linken Ende der Bearbeitungsleiste, das die ausgewählte Zelle, das ausgewählte
Diagrammelement oder das Zeichnungsobjekt identifiziert. Geben Sie zum Benennen einer
Zelle oder eines Bereichs den Namen in das Feld Name ein, und drücken Sie die
EINGABETASTE. Wenn Sie zu einer benannten Zelle wechseln und eine benannte Zelle
auswählen möchten, klicken Sie im Feld Name auf deren Namen.

Nicht zusammenhängende Auswahl
Eine Auswahl von zwei oder mehr Zellen oder Bereichen, die sich nicht berühren. Stellen
Sie beim Zeichnen nicht zusammenhängender Auswahlen in einem Diagramm sicher, dass
die kombinierten Auswahlen eine rechteckige Form bilden.

Nicht-OLAP-Quelldaten
Zugrunde liegende Daten für eine PivotTable oder ein PivotChart, die aus einer anderen
Quelle als einer OLAP-Datenbank stammen. Zu diesen Quellen gehören relationale
Datenbanken, Tabellen auf Excel-Arbeitsblättern und Textdateidatenbanken.

O

ObjectLink

Ein OLE-Datenformat, das ein verknüpftes Objekt beschreibt und die Klasse, den Dokumentnamen und den Namen eines Objekts identifiziert. Jedes dieser Datenelemente ist eine MIT NULL endende Zeichenfolge.

Offline-Cubedatei

Eine Datei, die Sie auf Ihrer Festplatte oder einer Netzwerkfreigabe erstellen, um OLAP-Quelldaten für eine PivotTable oder ein PivotChart zu speichern. Offline-Cubedateien ermöglichen es Ihnen, weiterhin zu arbeiten, wenn Sie nicht mit dem OLAP-Server verbunden sind.

OLAP

Eine Datenbanktechnologie, die für Abfragen und Berichte optimiert wurde, anstatt Transaktionen zu verarbeiten. OLAP-Daten werden hierarchisch organisiert und in Cubes anstelle von Tabellen gespeichert.

OLAP-Anbieter

Eine Reihe von Software, die Zugriff auf einen bestimmten Typ von OLAP-Datenbank ermöglicht. Diese Software kann einen Datenquellentreiber und andere Clientsoftware enthalten, die zum Herstellen einer Verbindung mit einer Datenbank erforderlich ist.

Operand

Elemente auf beiden Seiten eines Operators in einer Formel. In Excel können Operanden Werte, Zellbezüge, Namen, Bezeichnungen und Funktionen sein.

Operator

Ein Zeichen oder Symbol, das den Typ der Berechnung angibt, die in einem Ausdruck ausgeführt werden soll. Es gibt mathematische Operatoren, Vergleichsoperatoren, logische Operatoren und Bezugsoperatoren.

Äußere Verknüpfung

Join, in dem alle Datensätze aus einer Tabelle ausgewählt werden, auch wenn keine übereinstimmenden Datensätze in einer anderen Tabelle vorhanden sind. Datensätze, die übereinstimmen, werden kombiniert und als eins angezeigt. Datensätze, die in der anderen Tabelle keine Übereinstimmungen aufweisen, werden als leer angezeigt.

Gliederung

Arbeitsblattdaten, in denen Zeilen oder Spalten von Detaildaten gruppiert sind, sodass Sie Zusammenfassungsberichte erstellen können. Die Gliederung kann entweder ein gesamtes Arbeitsblatt oder einen ausgewählten Teil davon zusammenfassen.

Gliedern von Daten

Die Daten, die in einer Arbeitsblattgliederung enthalten sind. Gliederungsdaten umfassen sowohl die Zusammenfassungs- als auch Detailzeilen oder Spalten einer Gliederung.

Gliederungssymbole

Symbole, die Sie verwenden, um die Ansicht eines umrandeten Arbeitsblatts zu ändern. Sie können detaillierte Daten ein- oder ausblenden, indem Sie das Pluszeichen, das Minuszeichen und die Zahlen 1, 2, 3 oder 4 drücken, die die Gliederungsebene angeben.

OwnerLink

Ein OLE-Datenformat, das ein eingebettetes Objekt beschreibt und die Klasse, den Dokumentnamen und den Namen eines Objekts identifiziert. Jedes dieser Datenelemente ist eine MIT NULL endende Zeichenfolge.

P

Seitenumbruch
Trennlinie, die ein Arbeitsblatt zum Drucken in separate Seiten aufteilt. Excel fügt automatische Seitenumbrüche basierend auf dem Papierformat, den Randeinstellungen, den Skalierungsoptionen und den Positionen aller manuellen Seitenumbrüche ein, die Sie einfügen.

Seitenwechselvorschau
Arbeitsblattansicht, in der die zu druckden Bereiche und die Positionen von Seitenumbrüchen angezeigt werden. Der zu druckende Bereich wird weiß angezeigt, automatische Seitenumbrüche werden als gestrichelte Linien und manuelle Seitenumbrüche als durchgezogene Linien angezeigt.

Parameter
In Excel können Sie Parameter hinzufügen, ändern oder entfernen, um Zellen anzugeben, die in den anzuzeigenden Arbeitsblattdaten von Excel Services bearbeitet werden können. Wenn Sie die Arbeitsmappe speichern, werden die Änderungen automatisch auf dem Server übernommen.

Parameterabfrage
Ein Abfragetyp, der beim Ausführen zur Eingabe von Werten (Kriterien) auffordert, die zum Auswählen der Datensätze für das Resultset verwendet werden sollen, damit dieselbe Abfrage zum Abrufen verschiedener Resultsets verwendet werden kann.

Kennwort
Eine Möglichkeit, Ihr Arbeitsblatt oder Ihre Arbeitsmappe zu schützen. Wenn Sie Arbeitsblatt- oder Arbeitsmappenelemente mit einem Kennwort schützen, ist es sehr wichtig, dass Sie sich dieses Kennwort merken. Ohne sie gibt es keine Möglichkeit, den Schutz der Arbeitsmappe oder des Arbeitsblatts aufzuheben. Sie sollten immer sichere Kennwörter verwenden, die Groß- und Kleinbuchstaben, Zahlen und Symbole kombinieren. Unsichere Kennwörter weisen nicht diese Mischung auf. Sicheres Kennwort: Y6dh!et5. Unsicheres Kennwort: Haus27. Verwenden Sie ein sicheres Kennwort, das Sie sich merken können, damit Sie es nicht notieren müssen.

Bereich einfügen
Das Ziel für Daten, die mithilfe der Office-Zwischenablage ausgeschnitten oder kopiert wurden.

Pivotbereich
Der Arbeitsblattbereich, in den Sie PivotTable- oder PivotChart-Felder ziehen, um das Layout des Berichts zu ändern. In einem neuen Bericht zeigen gestrichelte blaue Umrisse den Pivotbereich auf dem Arbeitsblatt an.

PivotChart-Kategoriefeld
Ein Feld, dem eine Kategorieausrichtung in einem PivotChart zugewiesen ist. In einem Diagramm werden Kategorien in der Regel auf der X-Achse oder horizontalen Achse des Diagramms angezeigt.

PivotChart
Ein Diagramm, das eine interaktive Analyse von Daten bereitstellt, z. B. eine PivotTable. Sie können Die Ansichten von Daten ändern, verschiedene Detailebenen anzeigen oder das Diagrammlayout neu organisieren, indem Sie Felder ziehen und Elemente in Feldern ein- oder ausblenden.

PivotChart-Reihenfeld
Ein Feld, dem eine Reihenausrichtung in einem PivotChart zugewiesen ist. In einem Diagramm werden Datenreihen in der Legende dargestellt.

PivotTable-Daten
In einer PivotTable die zusammengefassten Daten, die aus den Datenfeldern einer Quellliste oder -tabelle berechnet werden.

PivotTable-Gesamtsummen
Gesamtwerte für alle Zellen in einer Zeile oder für alle Zellen in einer Spalte einer PivotTable. Werte in einer Gesamtsummenzeile oder -spalte werden mithilfe derselben Zusammenfassungsfunktion berechnet, die auch im Datenbereich der PivotTable verwendet wird.

PivotTable-Liste
Eine Microsoft Office-Webkomponente, mit der Sie eine Struktur erstellen können, die einer Excel-PivotTable ähnelt. Benutzer können die PivotTable-Liste in einem Webbrowser anzeigen und ihr Layout auf ähnliche Weise wie eine Excel-PivotTable ändern.

PivotTable
Ein interaktiver, tabellarisierter Excel-Bericht, der Daten, z. B. Datenbankdatensätze, aus verschiedenen Quellen zusammenfasst und analysiert, einschließlich solcher außerhalb von Excel.

PivotTable-Teilergebnis
Eine Zeile oder Spalte, die eine Zusammenfassungsfunktion verwendet, um die Summe der Detailelemente in einem PivotTable-Feld anzuzeigen.

Zeichnungsfläche
In einem 2D-Diagramm der Bereich, der durch die Achsen begrenzt ist, einschließlich aller Datenreihen. In einem 3D-Diagramm der Bereich, der durch die Achsen begrenzt wird, einschließlich datenreihe, Kategorienamen, Teilstrichbeschriftungen und Achsentiteln.

Zeigen
Eine Maßeinheit, die 1/72 Zoll entspricht.

Präzedenzfälle
Zellen, auf die durch eine Formel in einer anderen Zelle verwiesen wird. Wenn beispielsweise Zelle D10 die Formel "=B5" enthält, ist Zelle B5 ein Vorgänger von Zelle D10.

Primärschlüssel
Ein oder mehrere Felder, die jeden Datensatz in einer Tabelle eindeutig identifizieren. Auf die gleiche Weise wie ein Nummernschild ein Auto identifiziert, identifiziert der Primärschlüssel einen Datensatz eindeutig.

Druckbereich
Ein oder mehrere Zellbereiche, die Sie drucken möchten, wenn Sie nicht das gesamte Arbeitsblatt drucken möchten. Wenn ein Arbeitsblatt einen Druckbereich enthält, wird nur der Druckbereich gedruckt.

Titel drucken
Zeilen- oder Spaltenbeschriftungen, die oben oder links auf jeder Seite eines gedruckten Arbeitsblatts gedruckt werden.

Eigenschaftenfelder
Unabhängige Attribute, die Elementen oder Membern in einem OLAP-Cube zugeordnet sind. Wenn z. B. Stadtelemente größen- und bevölkerungseigenschaften haben, die im Servercube gespeichert sind, kann eine PivotTable die Größe und Einwohnerzahl der einzelnen Städte anzeigen.

Schützen
So nehmen Sie Einstellungen für ein Arbeitsblatt oder eine Arbeitsmappe vor, die verhindern, dass Benutzer das angegebene Arbeitsblatt oder die angegebenen Arbeitsmappenelemente anzeigen oder darauf zugreifen können.

Abfrage

Q

In Abfrage oder Zugriff ein Mittel zum Auffinden der Datensätze, die eine bestimmte Frage beantworten, die Sie zu den in einer Datenbank gespeicherten Daten stellen.

Abfragekanal

Sie verwenden einen Abfragekanal in einer DDE-Konversation zwischen der Zielanwendung und einer bestimmten Abfrage (z. B. Abfrage1) in Query. Um einen Abfragekanal verwenden zu können, müssen Sie das Abfragefenster bereits mithilfe eines Systemkanals geöffnet haben.

Abfrageentwurf

Alle elemente, die im Abfragefenster enthalten sind, z. B. Tabellen, Kriterien, die Reihenfolge, in der Felder angeordnet sind usw. Der Entwurf gibt auch an, ob die automatische Abfrage aktiviert ist und ob Sie die Quelldaten bearbeiten können.

R

Bereich

Zwei oder mehr Zellen auf einem Blatt. Die Zellen in einem Bereich können angrenzend oder nicht zusammenhängend sein.

Schreibgeschützt

Eine Einstellung, mit der eine Datei gelesen oder kopiert, aber nicht geändert oder gespeichert werden kann.

Aufzeichnen

Eine Sammlung von Informationen zu einer bestimmten Person, einem bestimmten Ort, einem bestimmten Ereignis oder einer sache. Wenn Query im Datenbereich ein Resultset anzeigt, wird ein Datensatz als Zeile dargestellt.

Aktualisieren (externer Datenbereich)

So aktualisieren Sie Daten aus einer externen Datenquelle. Jedes Mal, wenn Sie Daten aktualisieren, sehen Sie die neueste Version der Informationen in der Datenbank, einschließlich aller Änderungen, die an den Daten vorgenommen wurden.

Aktualisieren (PivotTable)

So aktualisieren Sie den Inhalt einer PivotTable oder eines PivotCharts, um Änderungen an den zugrunde liegenden Quelldaten widerzuspiegeln. Wenn der Bericht auf externen Daten basiert, führt die Aktualisierung die zugrunde liegende Abfrage aus, um neue oder geänderte Daten abzurufen.

Regressionsanalyse

Eine Form der statistischen Analyse, die für Vorhersagen verwendet wird. Die Regressionsanalyse schätzt die Beziehung zwischen Variablen, sodass eine bestimmte Variable aus einer oder mehreren anderen Variablen vorhergesagt werden kann.

Relativer Verweis

In einer Formel die Adresse einer Zelle basierend auf der relativen Position der Zelle, die die Formel enthält, und der Zelle, auf die verwiesen wird. Wenn Sie die Formel kopieren, wird der Verweis automatisch angepasst. Ein relativer Verweis hat das Format A1.

Remoteverweis

Ein Verweis auf Daten, die in einem Dokument aus einem anderen Programm gespeichert sind.

Berichtsfilter

Ein Feld, das verwendet wird, um eine Teilmenge von Daten in einer PivotTable oder einem PivotChart auf eine Seite zu filtern, um weitere Layouts und Analysen durchzuführen. Sie können entweder eine Zusammenfassung aller Elemente in einem Berichtsfilter anzeigen oder jeweils ein Element anzeigen, das die Daten für alle anderen Elemente herausfiltert.

Berichtsvorlage

Eine Excel-Vorlage (XLT-Datei), die eine oder mehrere Abfragen oder PivotTables enthält, die auf externen Daten basieren. Wenn Sie eine Berichtsvorlage speichern, speichert Excel die Abfragedefinition, aber die abgefragten Daten nicht in der Vorlage.

Resultset

Der Satz von Datensätzen, die beim Ausführen einer Abfrage zurückgegeben werden. Sie können das Resultset einer Abfrage in Abfrage sehen, oder Sie können ein Resultset zur weiteren Analyse an ein Excel-Arbeitsblatt zurückgeben.

Zeilenüberschrift

Der nummerierte graue Bereich links von jeder Zeile. Klicken Sie auf die Zeilenüberschrift, um eine ganze Zeile auszuwählen. Um die Höhe einer Zeile zu erhöhen oder zu verringern, ziehen Sie die Linie unter die Zeilenüberschrift.

Zeilenbeschriftung

Ein Feld, dem eine Zeilenausrichtung in einer PivotTable zugewiesen ist.

Bestimmtheitsmaß

Eine Zahl zwischen 0 und 1, die angibt, wie genau die geschätzten Werte für die Trendlinie Ihren tatsächlichen Daten entsprechen. Eine Trendlinie ist am zuverlässigsten, wenn ihr R-Quadratwert bei oder nahe 1 liegt. Wird auch als Bestimmungskoeffizient bezeichnet.

S

Szenario

Ein benannter Satz von Eingabewerten, den Sie in einem Arbeitsblattmodell ersetzen können.

Scrollsperre

Wenn die Bildlaufsperre aktiviert ist, scrollen die Pfeiltasten durch das aktive Blatt, anstatt eine andere Zelle zu aktivieren. Um die Scrollsperre zu deaktivieren oder zu aktivieren, drücken Sie die SCROLL-TASTE.

Section

Eine beliebige Kombination aus Arbeitsblatt, Ansicht und Szenario, die Sie beim Erstellen eines Berichts auswählen. Ein Bericht kann mehrere Abschnitte enthalten.

Auswählen

Hervorheben einer Zelle oder eines Zellbereichs auf einem Arbeitsblatt. Die ausgewählten Zellen werden vom nächsten Befehl oder der nächsten Aktion beeinflusst.

Schaltfläche "Alle auswählen"

Das graue Rechteck in der oberen linken Ecke eines Datenblatts, in dem die Zeilen- und Spaltenüberschriften aufeinandertreffen. Klicken Sie auf diese Schaltfläche, um alle Zellen in einem Datenblatt auszuwählen.

Reihenachse

Eine Diagrammachse, die die Tiefendimension in einem echten 3D-Diagramm darstellt. Die Reihennamen werden als beliebige Textwerte angezeigt. Skalierte numerische Werte können nicht angezeigt werden.

Reihenfeld

Ein Feld, das im Reihenbereich eines PivotCharts angezeigt wird. Elemente in einem Reihenfeld werden in der Legende aufgeführt und geben die Namen der einzelnen Datenreihen an.

Reihenlinien

In gestapelten 2D-Balken- und Säulendiagrammen Linien, die die Datenmarkierungen in jeder Datenreihe verbinden, die verwendet werden, um den Unterschied bei der Messung zwischen den einzelnen Reihen hervorzuheben.

Freigegebene Arbeitsmappe

Eine Arbeitsmappe, die so eingerichtet ist, dass mehrere Benutzer in einem Netzwerk gleichzeitig anzeigen und Änderungen vornehmen können. Jeder Benutzer, der die Arbeitsmappe speichert, sieht die von anderen Benutzern vorgenommenen Änderungen.

Einzelzuordnungszelle

Eine Zelle, die mit einem nicht wiederholten Element in einer XML-Zuordnung verknüpft wurde.

Sortierreihenfolge

Eine Möglichkeit zum Anordnen von Daten basierend auf einem Wert oder Datentyp. Sie können Daten alphabetisch, numerisch oder nach Datum sortieren. Sortierreihenfolgen verwenden eine aufsteigende (1 bis 9, A bis Z) oder absteigende Reihenfolge (9 bis 1, Z bis A).

Quellbereiche

Die Zellbereiche, die Sie im angegebenen Zielbereich konsolidieren. Quellbereiche können sich auf jedem Arbeitsblatt einer Arbeitsmappe, in anderen geöffneten oder geschlossenen Arbeitsmappen oder auf Lotus 1-2-3-Arbeitsblättern befinden.

Quelldaten

Die Liste oder Tabelle, die zum Erstellen einer PivotTable oder eines PivotCharts verwendet wird. Quelldaten können aus einer Excel-Tabelle oder einem Excel-Bereich, einer externen Datenbank oder einem cube oder einer anderen PivotTable entnommen werden.

SQL

Eine Sprache zum Abrufen, Aktualisieren und Verwalten von Daten. Wenn Sie eine Abfrage erstellen, verwendet Query SQL, um die entsprechende SQL SELECT-Anweisung zu erstellen. Wenn Sie SQL kennen, können Sie die SQL SELECT-Anweisung anzeigen oder ändern.

Standardschriftart

Die Standardtextschriftart für Arbeitsblätter. Die Standardschriftart bestimmt die Standardschriftart für die Zellenformatvorlage "Normal".

Zusammenfassungsdaten

Bei automatischen Teilergebnissen und Arbeitsblattgliederungen alle Zeilen oder Spalten, die Detaildaten zusammenfassen. Zusammenfassungsdaten liegen in der Regel neben und unterhalb der Detaildaten.

Zusammenfassungsfunktion

Ein Berechnungstyp, der Quelldaten in einer PivotTable oder einer Konsolidierungstabelle kombiniert, oder wenn Sie automatische Teilergebnisse in eine Liste oder Datenbank einfügen. Beispiele für Zusammenfassungsfunktionen sind Sum, Count und Average.

Systemkanal

Wird in einer DDE-Konversation zwischen Anwendungen verwendet, um Informationen zum System abzurufen, z. B. die aktuellen Verbindungen, geöffneten Abfragen und den Status der Zielanwendung.

T

Tabellenbereich
Der Bereich des Abfragefensters, in dem die Tabellen in einer Abfrage angezeigt werden. Jede Tabelle zeigt die Felder an, aus denen Sie Daten abrufen können.

Vorlage
Eine Arbeitsmappe, die Sie erstellen und als Grundlage für andere ähnliche Arbeitsmappen verwenden. Sie können Vorlagen für Arbeitsmappen und Arbeitsblätter erstellen. Die Standardvorlage für Arbeitsmappen heißt Book.xlt. Die Standardvorlage für Arbeitsblätter heißt Sheet.xlt.

Textfeld
Ein rechteckiges Objekt auf einem Arbeitsblatt oder Diagramm, in das Sie Text eingeben können.

Teilstriche und Teilstrichbeschriftungen
Teilstriche sind kleine Maßlinien, ähnlich wie Divisionen auf einem Lineal, die eine Achse überschneiden. Teilstrichbeschriftungen identifizieren die Kategorien, Werte oder Datenreihen im Diagramm.

Titel in Diagrammen
Beschreibender Text, der automatisch an einer Achse ausgerichtet oder am oberen Rand eines Diagramms zentriert wird.

Ergebniszeile
Eine spezielle Zeile in einer Excel-Tabelle, die eine Auswahl von Aggregatfunktionen bereitstellt, die für die Arbeit mit numerischen Daten nützlich sind.

Summen
Einer der fünf Berechnungstypen Query definiert für Sie: Sum, Avg, Count, Min und Max.

Spurpfeile
Pfeile, die die Beziehung zwischen der aktiven Zelle und den zugehörigen Zellen anzeigen. Tracer-Pfeile sind blau, wenn sie von einer Zelle zeigen, die Daten zu einer anderen Zelle bereitstellt, und rot, wenn eine Zelle einen Fehlerwert wie #DIV/0! enthält.

Trendline
Eine grafische Darstellung der Trends in Datenreihen, z. B. eine nach oben abfallende Linie, um höhere Umsätze über einen Zeitraum von Monaten darzustellen. Trendlinien werden zur Untersuchung von Vorhersageproblemen verwendet, die auch als Regressionsanalyse bezeichnet werden.

Trendlinienbezeichnung
Optionaler Text für eine Trendlinie, einschließlich der Regressionsgleichung oder des R-Quadratwerts oder beides. Eine Trendlinienbeschriftung kann formatiert und verschoben werden. Die Größe kann nicht festgelegt werden.

U

Positive/Negative Abweichungsbalken: Diese sind in Liniendiagrammen mit mehreren Datenreihen hilfreich.
In Liniendiagrammen mit mehreren Datenreihen Balken, die den Unterschied zwischen Datenpunkten in der ersten und letzten Datenreihe angeben.

V

Value

Der Text, das Datum, die Zahl oder die logische Eingabe, die eine Bedingung erfüllt, die ein Feld zum Suchen oder Filtern erfüllen muss. Beispielsweise muss das Feld Autor mit der Bedingung gleich einen Wert wie John enthalten, um vollständig zu sein.

Wertachse

Eine Diagrammachse, die skalierte numerische Werte anzeigt.

Wertfeld

Ein Feld aus einer Quellliste, Tabelle oder Datenbank, das Daten enthält, die in einer PivotTable oder einem PivotChart zusammengefasst sind. Ein Wertfeld enthält in der Regel numerische Daten, z. B. Statistiken oder Umsatzbeträge.

Wertebereich

Der Teil einer PivotTable, der Zusammenfassungsdaten enthält. Werte in jeder Zelle des Wertebereichs stellen eine Zusammenfassung der Daten aus den Quelldatensätzen oder - zeilen dar.

Scheitel

Schwarze, quadratische, ziehbare Punkte, die an den Enden und Schnittpunkten von Linien oder Kurven in bestimmten AutoFormen (z. B. Freihandformen, Scribbles und Kurven) angezeigt werden, wenn Sie Punkte auf der AutoForm bearbeiten.

Ansicht

Eine Reihe von Anzeige- und Druckeinstellungen, die Sie benennen und auf eine Arbeitsmappe anwenden können. Sie können mehrere Ansichten derselben Arbeitsmappe erstellen, ohne separate Kopien der Arbeitsmappe zu speichern.

W

Webabfrage

Eine Abfrage, die daten abruft, die in Ihrem Intranet oder im Internet gespeichert sind.

Was-wäre-wenn-Analyse

Ein Prozess zum Ändern der Werte in Zellen, um zu sehen, wie sich diese Änderungen auf das Ergebnis von Formeln auf dem Arbeitsblatt auswirken. Beispielsweise das Variieren des Zinssatzes, der in einer Amortisierungstabelle verwendet wird, um den Betrag der Zahlungen zu bestimmen.

Arbeitsmappe

Eine Tabellenkalkulations-Programmdatei, die Sie in Excel erstellen. Eine Arbeitsmappe enthält Arbeitsblätter mit Zeilen und Spalten, in denen Sie Daten eingeben und berechnen können.

Arbeitsblatt

Das primäre Dokument, das Sie in Excel zum Speichern und Arbeiten mit Daten verwenden. Wird auch als Arbeitsblatt bezeichnet. Ein Arbeitsblatt besteht aus Zellen, die in Spalten und Zeilen organisiert sind. Ein Arbeitsblatt wird immer in einer Arbeitsmappe gespeichert.

Arbeitsbereichsdatei

Eine Datei, die Anzeigeinformationen zu geöffneten Arbeitsmappen speichert, sodass Sie die Arbeit später mit den gleichen Fenstergrößen, Druckbereichen, Bildschirmvergrößerung und Anzeigeeinstellungen fortsetzen können. Eine Arbeitsbereichsdatei enthält die Arbeitsmappen selbst nicht.

World Wide Web

Ein System zum Navigieren im Internet oder durch eine Sammlung von Arbeitsmappen und anderen Office-Dokumenten, die über Links verbunden sind und sich auf einer Netzwerkfreigabe, einem Unternehmensintranet oder im Internet befinden. Wenn Sie einen Webbrowser verwenden, wird das Web als Sammlung von Text, Bildern, Sounds und digitalen Filmen angezeigt.

Wickeln

In Text, um eine Textzeile beim Erreichen eines Rands oder Objekts automatisch zu unterbrechen und den Text in einer neuen Zeile fortzusetzen.

X

XML

Extensible Markup Language (XML): Eine komprimierte Form von SGML (Standard Generalized Markup Language), mit der Entwickler benutzerdefinierte Tags erstellen können, die Flexibilität bei der Organisation und Darstellung von Informationen bieten.

Tastaturkurzbefehle in Excel für Windows

Die Beherrschung von Tastaturkürzeln in Excel kann Ihre Produktivität und Effizienz erheblich steigern. Ganz gleich, ob Sie durch große Datensätze navigieren, Zellen formatieren oder komplexe Formeln ausführen - wenn Sie die richtigen Tastenkombinationen kennen, können Sie Zeit und Mühe sparen. Dieser Abschnitt soll Ihnen helfen, die nützlichsten Tastenkombinationen in Excel zu verstehen und zu verwenden, um Ihren Arbeitsablauf reibungsloser und effektiver zu gestalten. Für Benutzer mit Mobilitäts- oder Sehbehinderungen stellen diese Tastenkombinationen eine wichtige Alternative zur Mausnavigation dar und sorgen für eine leichter zugängliche und effizientere Arbeit.

Häufig verwendete Abkürzungen

Zu diesem Zweck	Presse
Schließen Sie eine Arbeitsmappe.	Strg+W
Öffnen Sie eine Arbeitsmappe.	Strg+O
Gehen Sie auf die Registerkarte **Start**.	Alt+H
Speichern Sie eine Arbeitsmappe.	Strg+S
Auswahl kopieren.	Strg+C
Auswahl einfügen.	Strg+V
Letzte Aktion rückgängig machen.	Strg+Z
Zelleninhalt entfernen.	Löschen
Wählen Sie eine Füllfarbe.	Alt+H, H
Auswahl schneiden.	Strg+X
Gehen Sie auf die Registerkarte **Einfügen**.	Alt+N
Fettformatierung anwenden.	Strg+B
Zellinhalte mittig ausrichten.	Alt+H, A, C
Wechseln Sie zur Registerkarte **Seitenlayout**.	Alt+P
Gehen Sie auf die Registerkarte **Daten**.	Alt+A
Gehen Sie auf die Registerkarte **Ansicht**.	Alt+W
Öffnen Sie das Kontextmenü.	Umschalt+F10 oder Windows-Menü-Taste

Zu diesem Zweck	Presse
Grenzen hinzufügen.	Alt+H, B
Spalte löschen.	Alt+H, D, C
Gehen Sie auf die Registerkarte **Formel**.	Alt+M
Die ausgewählten Zeilen ausblenden.	Strg+9
Die ausgewählten Spalten ausblenden.	Strg+0

Zugriffstasten für Registerkarten der Multifunktionsleiste verwenden

Zu diesem Zweck	Presse
Gehen Sie zum Feld **Tell me** oder **Search** in der Multifunktionsleiste und geben Sie einen Suchbegriff ein, um Unterstützung oder Hilfeinhalte zu finden.	Alt+Q, dann geben Sie den Suchbegriff ein.
Öffnen Sie das **Menü Datei**.	Alt+F
Öffnen Sie die Registerkarte **Start** und formatieren Sie Text und Zahlen und verwenden Sie das Suchwerkzeug.	Alt+H
Öffnen Sie die Registerkarte **Einfügen** und fügen Sie PivotTables, Diagramme, Add-ins, Sparklines, Bilder, Formen, Überschriften oder Textfelder ein.	Alt+N
Öffnen Sie die Registerkarte **Seitenlayout** und arbeiten Sie mit Themen, Seiteneinrichtung, Skalierung und Ausrichtung.	Alt+P

Zu diesem Zweck	Presse
Öffnen Sie die Registerkarte **Formeln** und fügen Sie Funktionen und Berechnungen ein, verfolgen Sie sie und passen Sie sie an.	Alt+M
Öffnen Sie die Registerkarte **Daten** und stellen Sie eine Verbindung zu den Daten her, sortieren und filtern Sie sie, analysieren Sie sie und arbeiten Sie mit ihnen.	Alt+A
Öffnen Sie die Registerkarte **Überprüfung** und überprüfen Sie die Rechtschreibung, fügen Sie Notizen und Kommentare hinzu und schützen Sie Blätter und Arbeitsmappen.	Alt+R
Öffnen Sie die Registerkarte **Ansicht** und sehen Sie sich Seitenumbrüche und Layouts an, blenden Sie Gitternetzlinien und Überschriften ein und aus, stellen Sie die Vergrößerung ein, verwalten Sie Fenster und Bereiche und zeigen Sie Makros an.	Alt+W

Arbeiten im Ribbon mit der Tastatur

Zu diesem Zweck	Presse
Wählen Sie die aktive Registerkarte in der Multifunktionsleiste und aktivieren Sie die Zugriffstasten.	Alt oder F10. Um zu einer anderen Registerkarte zu wechseln, verwenden Sie die Zugriffstasten oder die Pfeiltasten.
Bewegen Sie den Fokus auf Befehle in der Multifunktionsleiste oder im Add-In-Fenster.	Tabulator-Taste oder Umschalt+Tab

Zu diesem Zweck	Presse
Bewegen Sie sich zwischen den Elementen auf der Multifunktionsleiste nach unten, oben, links oder rechts.	Pfeiltasten
Zeigt den Tooltip für das Ribbon-Element an, das gerade im Fokus ist.	Strg+Umschalt+F10
Aktivieren Sie eine ausgewählte Schaltfläche.	Leertaste oder Enter
Öffnen Sie die Liste für einen ausgewählten Befehl.	Pfeiltaste nach unten
Öffnen Sie das Menü für eine ausgewählte Schaltfläche.	Alt+Pfeiltaste nach unten
Wenn ein Menü oder Untermenü geöffnet ist, wechseln Sie zum nächsten Befehl.	Pfeiltaste nach unten
Erweitern oder reduzieren Sie die Multifunktionsleiste.	Strg+F1
Öffnen Sie ein Kontextmenü.	Umschalttaste+F10 Oder, auf einer Windows-Tastatur, die Windows-Menü-Taste (normalerweise zwischen der Alt Gr- und der rechten Strg-Taste)
Wechseln Sie in das Untermenü, wenn ein Hauptmenü geöffnet oder ausgewählt ist.	Linke Pfeiltaste
Wechseln Sie von einer Gruppe von Kontrollen zu einer anderen.	Strg+Pfeiltaste links oder rechts

Tastaturkürzel für die Navigation in Zellen

Zu diesem Zweck	Presse
Zur vorherigen Zelle in einem Arbeitsblatt oder zur vorherigen Option in einem Dialogfeld wechseln.	Umschalttaste+Tab
Eine Zelle in einem Arbeitsblatt nach oben verschieben.	Pfeiltaste nach oben
Eine Zelle in einem Arbeitsblatt nach unten verschieben.	Pfeiltaste nach unten
Eine Zelle in einem Arbeitsblatt nach links verschieben.	Linke Pfeiltaste
Eine Zelle in einem Arbeitsblatt nach rechts verschieben.	Rechte Pfeiltaste
Verschieben an den Rand des aktuellen Datenbereichs in einem Arbeitsblatt.	Strg+Pfeiltaste
Rufen Sie den Endmodus auf, gehen Sie zur nächsten nicht leeren Zelle in derselben Spalte oder Zeile wie die aktive Zelle und schalten Sie den Endmodus aus. Wenn die Zellen leer sind, gehen Sie zur letzten Zelle in der Zeile oder Spalte.	Ende, Pfeiltaste
Verschieben Sie die letzte Zelle eines Arbeitsblatts in die niedrigste verwendete Zeile der am weitesten rechts liegenden Spalte.	Strg+Ende
Erweitern Sie die Auswahl der Zellen bis zur zuletzt verwendeten Zelle auf dem Arbeitsblatt (rechte untere Ecke).	Strg+Umschalt+Ende
Bewegen Sie sich zu der Zelle in der oberen linken Ecke des Fensters, wenn die Bildlaufsperre aktiviert ist.	Start+Scroll-Sperre

Zu diesem Zweck	Presse
An den Anfang eines Arbeitsblatts springen.	Strg+Start
In einem Arbeitsblatt einen Bildschirm nach unten gehen.	Seite unten
Zum nächsten Blatt in einer Arbeitsmappe wechseln.	Strg+Bildschirm nach unten
In einem Arbeitsblatt einen Bildschirm nach rechts verschieben.	Alt+Bildschirm nach unten
In einem Arbeitsblatt einen Bildschirm nach oben gehen.	Seite oben
In einem Arbeitsblatt einen Bildschirm nach links verschieben.	Alt+Bildschirm hoch
Zum vorherigen Blatt in einer Arbeitsmappe wechseln.	Strg+Bildschirm hoch
Verschieben Sie in einem Arbeitsblatt eine Zelle nach rechts. Oder verschieben Sie in einem geschützten Arbeitsblatt zwischen nicht gesperrten Zellen.	Tabulator-Taste
Öffnen Sie die Liste der Überprüfungsoptionen für eine Zelle, auf die eine Datenüberprüfungsoption angewendet wurde.	Alt+Pfeiltaste nach unten
Durchlaufen Sie fließende Formen, wie z. B. Textfelder oder Bilder.	Strg+Alt+5, dann wiederholt die Tabulatortaste
Verlassen Sie die Navigation für schwebende Formen und kehren Sie zur normalen Navigation zurück.	Esc
Horizontal blättern.	Strg+Umschalttaste, dann scrollen Sie mit dem Mausrad nach oben,

Zu diesem Zweck	Presse
	um nach links zu gehen, nach unten, um nach rechts zu gehen
Vergrößern.	Strg+Alt+Gleichheitszeichen (=)
Verkleinern.	Strg+Alt+Minuszeichen (-)

Tastaturkürzel für die Formatierung von Zellen

Zu diesem Zweck	Presse
Öffnen Sie das Dialogfeld **Zellen formatieren**.	Strg+1
Formatieren Sie Schriftarten im Dialogfeld **Zellen formatieren**.	Strg+Umschalt+F oder Strg+Umschalt+P
Bearbeiten Sie die aktive Zelle und setzen Sie die Einfügemarke an das Ende ihres Inhalts. Oder, wenn die Bearbeitung für die Zelle ausgeschaltet ist, verschieben Sie die Einfügemarke in die Formelleiste. Wenn Sie eine Formel bearbeiten, schalten Sie den Punktmodus aus oder ein, damit Sie mit den Pfeiltasten einen Bezug herstellen können.	F2
Fügen Sie eine Notiz ein.	Umschalt+F2
Öffnen und bearbeiten Sie eine Zellennotiz.	Umschalt+F2
Fügen Sie einen Kommentar in ein Thema ein.	Strg+Umschalt+F2
Öffnen und beantworten Sie einen Kommentar im Thread.	Strg+Umschalt+F2
Öffnen Sie das Dialogfeld **Einfügen**, um leere Zellen einzufügen.	Strg+Umschalt+Plus-Zeichen (+)

Zu diesem Zweck	Presse
Öffnen Sie das Dialogfeld **Löschen**, um ausgewählte Zellen zu löschen.	Strg+Minuszeichen (-)
Geben Sie die aktuelle Uhrzeit ein.	Strg+Umschalt+Kolon (:)
Geben Sie das aktuelle Datum ein.	Strg+Semikolon (;)
Wechseln Sie zwischen der Anzeige von Zellwerten oder Formeln im Arbeitsblatt.	Strg+Gravur-Akzent (`)
Kopieren Sie eine Formel aus der Zelle über der aktiven Zelle in die Zelle oder die Formelleiste.	Strg+Apostroph (')
Verschieben Sie die ausgewählten Zellen.	Strg+X
Kopieren Sie die ausgewählten Zellen.	Strg+C
Inhalt an der Einfügemarke einfügen, wobei eine eventuelle Auswahl ersetzt wird.	Strg+V
Öffnen Sie das Dialogfeld **Einfügen Spezial**.	Strg+Alt+V
Text kursiv machen oder kursive Formatierung entfernen.	Strg+I oder Strg+3
Fettgedruckter Text oder Entfernen der fettgedruckten Formatierung.	Strg+B oder Strg+2
Text unterstreichen oder Unterstreichung entfernen.	Strg+U oder Strg+4
Durchgestrichene Formatierung anwenden oder entfernen.	Strg+5
Wechseln Sie zwischen dem Ausblenden von Objekten, der Anzeige von Objekten und der Anzeige von Platzhaltern für Objekte.	Strg+6

Zu diesem Zweck	Presse
Wenden Sie einen Umrissrahmen auf die ausgewählten Zellen an.	Strg+Umschalt+Ampersandzeichen (&)
Entfernen Sie die Umrandung der ausgewählten Zellen.	Strg+Umschalt+Unterstrich (_)
Die Umriss-Symbole anzeigen oder ausblenden.	Strg+8
Verwenden Sie den Befehl **Ausfüllen nach unten**, um den Inhalt und das Format der obersten Zelle eines ausgewählten Bereichs in die darunter liegenden Zellen zu kopieren.	Strg+D
Wenden Sie das **allgemeine** Zahlenformat an.	Strg+Umschalt+Tilde-Zeichen (~)
Wenden Sie das Währungsformat mit zwei Dezimalstellen an (negative Zahlen in Klammern).	Strg+Umschalt+Dollarzeichen (€)
Wenden Sie das Format "**Prozent**" ohne Dezimalstellen an.	Strg+Umschalt+Prozentzeichen (%)
Wenden Sie das **wissenschaftliche** Zahlenformat mit zwei Dezimalstellen an.	Strg+Umschalt+Kfz-Zeichen (^)
Wenden Sie das Datumsformat mit Tag, Monat und Jahr an.	Strg+Umschalt+Zahlenzeichen (#)
Wenden Sie das Zeitformat mit Stunde und Minute sowie AM oder PM an.	Strg+Umschalt+At-Zeichen (@)
Verwenden Sie das Zahlenformat mit zwei Dezimalstellen, Tausendertrennzeichen und Minuszeichen (-) für negative Werte.	Strg+Umschalt+Ausrufezeichen (!)
Öffnen Sie das Dialogfeld **Hyperlink einfügen**.	Strg+K

Zu diesem Zweck	Presse
Rechtschreibprüfung im aktiven Arbeitsblatt oder im ausgewählten Bereich.	F7
Zeigen Sie die Schnellanalyseoptionen für ausgewählte Zellen an, die Daten enthalten.	Strg+Q
Zeigen Sie das Dialogfeld **Tabelle erstellen** an.	Strg+L oder Strg+T
Öffnen Sie das Dialogfeld **Arbeitsmappenstatistik**.	Strg+Umschalt+G

Tastaturkurzbefehle im Dialogfeld "Einfügen spezial" in Excel

Zu diesem Zweck	Presse
Fügen Sie alle Zellinhalte und Formatierungen ein.	A
Fügen Sie nur die Formeln ein, die Sie in der Formelleiste eingegeben haben.	F
Fügen Sie nur die Werte ein (nicht die Formeln).	V
Fügen Sie nur die kopierte Formatierung ein.	T
Fügen Sie nur Kommentare und Notizen ein, die an die Zelle angehängt sind.	C
Fügen Sie nur die Datenüberprüfungseinstellungen aus den kopierten Zellen ein.	N
Alle Zellinhalte und Formatierungen der kopierten Zellen einfügen.	H
Alle Zellinhalte ohne Rahmen einfügen.	X

Zu diesem Zweck	Presse
Nur Spaltenbreiten aus kopierten Zellen einfügen.	W
Nur Formeln und Zahlenformate aus kopierten Zellen einfügen.	R
Fügen Sie nur die Werte (nicht die Formeln) und Zahlenformate der kopierten Zellen ein.	U

Tastaturkürzel für die Auswahl und Ausführung von Aktionen

Zu diesem Zweck	Presse
Wählen Sie das gesamte Arbeitsblatt aus.	Strg+A oder Strg+Shift+Leertaste
Wählen Sie das aktuelle und das nächste Blatt in einer Arbeitsmappe aus.	Strg+Umschalt+Rückwärts blättern
Wählen Sie das aktuelle und das vorherige Blatt in einer Arbeitsmappe aus.	Strg+Umschalt+Bildschirm hoch
Erweitern Sie die Auswahl der Zellen um eine Zelle.	Umschalttaste+Pfeiltaste
Erweitern Sie die Auswahl der Zellen bis zur letzten nicht leeren Zelle in derselben Spalte oder Zeile wie die aktive Zelle, oder, wenn die nächste Zelle leer ist, bis zur nächsten nicht leeren Zelle.	Strg+Umschalt+Pfeiltaste
Schalten Sie den Erweiterungsmodus ein und verwenden Sie die Pfeiltasten, um eine Auswahl zu erweitern. Drücken Sie erneut, um den Modus auszuschalten.	F8
Fügen Sie mit den Pfeiltasten eine nicht benachbarte Zelle oder einen nicht benachbarten Bereich zu einer Auswahl von Zellen hinzu.	Umschalt+F8

Zu diesem Zweck	Presse
Beginnen Sie eine neue Zeile in der gleichen Zelle.	Alt+Eingabe
Füllt den ausgewählten Zellbereich mit dem aktuellen Eintrag.	Strg+Eingabe
Füllen Sie eine Zelleingabe aus und wählen Sie die Zelle darüber aus.	Umschalttaste+Eingabe
Markieren Sie eine ganze Spalte in einem Arbeitsblatt.	Strg+Leertaste
Markieren Sie eine ganze Zeile in einem Arbeitsblatt.	Umschalttaste+Leertaste
Alle Objekte auf einem Arbeitsblatt auswählen, wenn ein Objekt ausgewählt ist.	Strg+Umschalt+Leertaste
Erweitern Sie die Auswahl der Zellen auf den Anfang des Arbeitsblatts.	Strg+Umschalt+Start
Wählen Sie den aktuellen Bereich aus, wenn das Arbeitsblatt Daten enthält. Drücken Sie ein zweites Mal, um den aktuellen Bereich und die dazugehörigen Zeilen auszuwählen. Drücken Sie ein drittes Mal, um das gesamte Arbeitsblatt auszuwählen.	Strg+A oder Strg+Shift+Leertaste
Wählen Sie den aktuellen Bereich um die aktive Zelle aus.	Strg+Umschalt+Sternchen-Zeichen (*)
Wählen Sie den ersten Befehl des Menüs, wenn ein Menü oder Untermenü sichtbar ist.	Startseite
Wiederholen Sie den letzten Befehl oder die letzte Aktion, wenn möglich.	Strg+Y
Die letzte Aktion rückgängig machen.	Strg+Z
Erweitern Sie gruppierte Zeilen oder Spalten.	Halten Sie die Umschalttaste gedrückt, während Sie den Mauszeiger über die

Zu diesem Zweck	Presse
	eingeklappten Elemente bewegen, und blättern Sie nach unten.
Gruppierte Zeilen oder Spalten einklappen.	Halten Sie die Umschalttaste gedrückt, während Sie den Mauszeiger über die erweiterten Elemente bewegen, und blättern Sie nach oben.

Daten- und Formelleistenkurzbefehle

Zu diesem Zweck	Presse
Aktivieren oder deaktivieren Sie QuickInfos zur Überprüfung von Formeln direkt in der Formelleiste oder in der Zelle, die Sie bearbeiten.	Strg+Alt+P
Bearbeiten Sie die aktive Zelle und setzen Sie die Einfügemarke an das Ende ihres Inhalts. Oder, wenn die Bearbeitung für die Zelle ausgeschaltet ist, verschieben Sie die Einfügemarke in die Formelleiste. Wenn Sie eine Formel bearbeiten, schalten Sie den Punktmodus aus oder ein, damit Sie mit den Pfeiltasten einen Bezug herstellen können.	F2
Erweitern oder reduzieren Sie die Formelleiste.	Strg+Umschalt+U
Eine Eingabe in der Zelle oder der Formelleiste abbrechen.	Esc
Füllen Sie eine Eingabe in der Formelleiste aus und wählen Sie die Zelle darunter.	Eingabe
Bewegen Sie den Cursor in der Formelleiste an das Ende des Textes.	Strg+Ende

Zu diesem Zweck	Presse
Markieren Sie den gesamten Text in der Formelleiste von der Cursorposition bis zum Ende.	Strg+Umschalt+Ende
Berechnen Sie alle Arbeitsblätter in allen geöffneten Arbeitsmappen.	F9
Berechnen Sie das aktive Arbeitsblatt.	Umschalt+F9
Berechnen Sie alle Arbeitsblätter in allen geöffneten Arbeitsmappen, unabhängig davon, ob sie seit der letzten Berechnung geändert wurden.	Strg+Alt+F9
Überprüfen Sie die abhängigen Formeln und berechnen Sie dann alle Zellen in allen geöffneten Arbeitsmappen, einschließlich der Zellen, die nicht als zu berechnende Zellen markiert sind.	Strg+Alt+Umschalt+F9
Anzeige des Menüs oder der Meldung für eine Schaltfläche **zur Fehlerprüfung**.	Alt+Umschalt+F10
Zeigt das Dialogfeld **Funktionsargumente** an, wenn sich die Einfügemarke rechts neben einem Funktionsnamen in einer Formel befindet.	Strg+A
Fügen Sie Argumentnamen und Klammern ein, wenn sich die Einfügemarke rechts neben einem Funktionsnamen in einer Formel befindet.	Strg+Umschalt+A
Einfügen der AutoSum-Formel	Alt+Gleichheitszeichen (=)
Flash Fill aufzurufen, um automatisch Muster in benachbarten Spalten zu erkennen und die aktuelle Spalte zu füllen	Strg+E
Durchläuft alle Kombinationen von absoluten und relativen Bezügen in einer Formel, wenn ein Zellbezug oder ein Bereich ausgewählt ist.	F4

Zu diesem Zweck	Presse
Fügen Sie eine Funktion ein.	Umschalt+F3
Kopieren Sie den Wert aus der Zelle über der aktiven Zelle in die Zelle oder die Formelleiste.	Strg+Umschalt+Gerade Anführungszeichen (")
Erstellen Sie ein eingebettetes Diagramm mit den Daten im aktuellen Bereich.	Alt+F1
Erstellen Sie ein Diagramm mit den Daten des aktuellen Bereichs in einem separaten Diagrammblatt.	F11
Definieren Sie einen Namen für die Verwendung in Referenzen.	Alt+M, M, D
Fügen Sie einen Namen aus dem Dialogfeld **Name einfügen** ein (wenn in der Arbeitsmappe Namen definiert wurden).	F3
Zum ersten Feld im nächsten Datensatz eines Datenformulars wechseln.	Eingabe
Ein Makro erstellen, ausführen, bearbeiten oder löschen.	Alt+F8
Öffnen Sie den **Editor von Microsoft Visual Basic für Anwendungen**.	Alt+F11
Öffnen Sie den **Power Query Editor**	Alt+F12

Tastaturkürzel zum Aktualisieren externer Daten

Zu diesem Zweck	Presse
Anhalten eines Aktualisierungsvorgangs.	Esc
Aktualisiert die Daten im aktuellen Arbeitsblatt.	Strg+F5

Zu diesem Zweck	Presse
Aktualisieren Sie alle Daten in der Arbeitsmappe.	Strg+Alt+F5

Power Pivot-Tastaturkürzel

Zu diesem Zweck	Presse
Öffnen Sie das Kontextmenü für die ausgewählte Zelle, Spalte oder Zeile.	Umschalttaste+F10
Wählen Sie die gesamte Tabelle aus.	Strg+A
Ausgewählte Daten kopieren.	Strg+C
Löschen Sie die Tabelle.	Strg+D
Verschieben Sie den Tisch.	Strg+M
Benennen Sie die Tabelle um.	Strg+R
Speichern Sie die Datei.	Strg+S
Wiederholen Sie die letzte Aktion.	Strg+Y
Die letzte Aktion rückgängig machen.	Strg+Z
Wählen Sie die aktuelle Spalte aus.	Strg+Leertaste
Wählen Sie die aktuelle Zeile aus.	Umschalttaste+Leertaste
Markiert alle Zellen von der aktuellen Position bis zur letzten Zelle der Spalte.	Umschalttaste+Bildschirm nach unten
Markiert alle Zellen von der aktuellen Position bis zur ersten Zelle der Spalte.	Umschalttaste+Bildschirm nach oben

Zu diesem Zweck	Presse
Markiert alle Zellen von der aktuellen Position bis zur letzten Zelle der Zeile.	Umschalt+Ende
Markiert alle Zellen von der aktuellen Position bis zur ersten Zelle der Zeile.	Umschalt+Start
Gehen Sie zur vorherigen Tabelle.	Strg+Bildschirm hoch
Gehen Sie zum nächsten Tisch.	Strg+Bildschirm nach unten
Gehen Sie zur ersten Zelle in der oberen linken Ecke der ausgewählten Tabelle.	Strg+Start
Gehen Sie zur letzten Zelle in der rechten unteren Ecke der ausgewählten Tabelle.	Strg+Ende
Bewegt sich zur ersten Zelle der ausgewählten Zeile.	Strg+Linke Pfeiltaste
Bewegt sich zur letzten Zelle der ausgewählten Zeile.	Strg+Pfeiltaste nach rechts
Bewegt sich zur ersten Zelle der ausgewählten Spalte.	Strg+Pfeiltaste nach oben
Bewegt sich zur letzten Zelle der ausgewählten Spalte.	Strg+Pfeiltaste nach unten
Schließen Sie ein Dialogfeld oder brechen Sie einen Vorgang ab, z. B. einen Einfügevorgang.	Strg+Esc
Öffnen Sie das Dialogfeld **AutoFilter-Menü**.	Alt+Pfeiltaste nach unten
Öffnen Sie das Dialogfeld **Gehe zu**.	F5
Berechnen Sie alle Formeln im Power Pivot-Fenster neu.	F9

Funktionstasten

Schlüssel	Beschreibung
F1	<ul><li>Nur F1: Zeigt das Aufgabenfenster der **Excel-Hilfe** an.</li><li>Strg+F1: Blendet die Multifunktionsleiste ein oder aus.</li><li>Alt+F1: Erstellt ein eingebettetes Diagramm mit den Daten im aktuellen Bereich.</li><li>Alt+Shift+F1: fügt ein neues Arbeitsblatt ein.</li><li>Strg+Umschalt+F1: schaltet den Vollbildmodus um</li></ul>
F2	<ul><li>F2 allein: Bearbeiten Sie die aktive Zelle und setzen Sie die Einfügemarke an das Ende ihres Inhalts. Oder, wenn die Bearbeitung für die Zelle ausgeschaltet ist, verschieben Sie die Einfügemarke in die Formelleiste. Wenn Sie eine Formel bearbeiten, schalten Sie den Punktmodus aus oder ein, damit Sie mit den Pfeiltasten einen Bezug herstellen können.</li><li>Umschalt+F2: fügt eine Zellennotiz hinzu oder bearbeitet sie.</li><li>Strg+F2: Zeigt den Druckvorschaubereich auf der Registerkarte **Drucken** in der Backstage-Ansicht an.</li></ul>
F3	<ul><li>Nur F3: Zeigt das Dialogfeld **Name einfügen** an. Nur verfügbar, wenn in der Arbeitsmappe Namen definiert wurden.</li><li>Umschalt+F3: Zeigt das Dialogfeld "**Funktion einfügen**" an.</li></ul>
F4	<ul><li>F4 allein: Wiederholt den letzten Befehl oder die letzte Aktion, wenn möglich.</li></ul>Wenn ein Zellbezug oder ein Bereich in einer Formel ausgewählt wird, werden mit F4 alle verschiedenen Kombinationen von absoluten und relativen Bezügen durchlaufen.

Schlüssel	Beschreibung
	• Strg+F4: Schließt das ausgewählte Arbeitsmappenfenster. • Alt+F4: Schließt Excel.
F5	• F5 allein: Zeigt das Dialogfeld **Gehe zu an**. • Strg+F5: stellt die Fenstergröße des ausgewählten Arbeitsmappenfensters wieder her.
F6	• F6 allein: Schaltet zwischen Arbeitsblatt, Multifunktionsleiste, Aufgabenbereich und Zoomsteuerung um. In einem Arbeitsblatt, das geteilt wurde, schließt F6 die geteilten Bereiche ein, wenn zwischen den Bereichen und der Multifunktionsleiste gewechselt wird. • Umschalt+F6: Schaltet zwischen Arbeitsblatt, Zoomsteuerung, Aufgabenbereich und Multifunktionsleiste um. • Strg+F6: wechselt zwischen zwei Excel-Fenstern. • Strg+Umschalt+F6: schaltet zwischen allen Excel-Fenstern um.
F7	• F7 allein: Öffnet das Dialogfeld **Rechtschreibung** zur Überprüfung der Rechtschreibung im aktiven Arbeitsblatt oder im ausgewählten Bereich. • Strg+F7: Führt den Befehl **Verschieben** für das Arbeitsmappenfenster aus, wenn es nicht maximiert ist. Verwenden Sie die Pfeiltasten, um das Fenster zu verschieben, und drücken Sie anschließend die Eingabetaste oder Esc, um den Vorgang abzubrechen.
F8	• F8 allein: Schaltet den Erweiterungsmodus ein oder aus. Im Erweiterungsmodus wird in der Statuszeile **"Erweiterte Auswahl"** angezeigt, und die Pfeiltasten erweitern die Auswahl.

Schlüssel	Beschreibung
	▪ Umschalt+F8: Ermöglicht das Hinzufügen einer nicht benachbarten Zelle oder eines Bereichs zu einer Zellenauswahl mithilfe der Pfeiltasten. ▪ Strg+F8: Führt den Befehl **Größe** aus, wenn eine Arbeitsmappe nicht maximiert ist. ▪ Alt+F8: Zeigt das Dialogfeld **Makro** zum Erstellen, Ausführen, Bearbeiten oder Löschen eines Makros an.
F9	▪ F9 allein: Berechnet alle Arbeitsblätter in allen geöffneten Arbeitsmappen. ▪ Umschalt+F9: Berechnet das aktive Arbeitsblatt. ▪ Strg+Alt+F9: Berechnet alle Arbeitsblätter in allen geöffneten Arbeitsmappen, unabhängig davon, ob sie seit der letzten Berechnung geändert wurden. ▪ Strg+Alt+Umschalt+F9: Überprüft abhängige Formeln und berechnet dann alle Zellen in allen geöffneten Arbeitsmappen, einschließlich der Zellen, die nicht als zu berechnende Zellen markiert sind. ▪ Strg+F9: minimiert ein Arbeitsmappenfenster auf ein Symbol.
F10	▪ F10 allein: Schaltet Tastentipps ein oder aus. (Das Drücken von Alt bewirkt dasselbe.) ▪ Umschalt+F10: Zeigt das Kontextmenü für ein ausgewähltes Element an. ▪ Alt+Umschalt+F10: Zeigt das Menü oder die Meldung für eine Schaltfläche **zur Fehlerprüfung an**. ▪ Strg+F10: maximiert das ausgewählte Arbeitsmappenfenster oder stellt es wieder her.

Schlüssel	Beschreibung
F11	▪ F11 allein: Erstellt ein Diagramm mit den Daten des aktuellen Bereichs in einem separaten Diagrammblatt. ▪ Umschalt+F11: fügt ein neues Arbeitsblatt ein. ▪ Alt+F11: Öffnet den **Microsoft Visual Basic for Applications Editor**, in dem Sie mit Visual Basic for Applications (VBA) ein Makro erstellen können.
F12	▪ F12 allein: Zeigt das Dialogfeld **Speichern unter** an.

Andere nützliche Tastenkombinationen

Schlüssel	Beschreibung
Alt	▪ Zeigt die Tastentipps (neue Tastenkombinationen) in der Multifunktionsleiste an. Zum Beispiel, ▪ Alt, W, P schaltet das Arbeitsblatt in die Seitenlayoutansicht um. ▪ Alt, W, L schaltet das Arbeitsblatt in die Normalansicht um. ▪ Alt, W, I schaltet das Arbeitsblatt in die **Seitenumbruchvorschau um**.
Pfeiltasten	▪ Eine Zelle in einem Arbeitsblatt nach oben, unten, links oder rechts verschieben. ▪ Strg+Pfeiltaste bewegt sich an den Rand des aktuellen Datenbereichs in einem Arbeitsblatt. ▪ Umschalt+Pfeiltaste erweitert die Auswahl der Zellen um eine Zelle. ▪ Strg+Umschalt+Pfeiltaste erweitert die Auswahl der Zellen bis zur letzten nicht leeren Zelle in derselben

Schlüssel	Beschreibung
	Spalte oder Zeile wie die aktive Zelle, oder, wenn die nächste Zelle leer ist, erweitert die Auswahl bis zur nächsten nicht leeren Zelle.
	▪ Mit den Pfeiltasten nach links oder rechts wird die Registerkarte nach links oder rechts ausgewählt, wenn das Menüband ausgewählt ist. Wenn ein Untermenü geöffnet oder ausgewählt ist, wechseln diese Pfeiltasten zwischen dem Hauptmenü und dem Untermenü. Wenn eine Registerkarte der Multifunktionsleiste ausgewählt ist, navigieren Sie mit diesen Tasten durch die Registerkarten.
	▪ Mit den Pfeiltasten nach unten bzw. nach oben wird der nächste bzw. vorherige Befehl ausgewählt, wenn ein Menü oder Untermenü geöffnet ist. Wenn eine Ribbon-Registerkarte ausgewählt ist, navigieren Sie mit diesen Tasten in der Registerkartengruppe nach oben oder unten.
	▪ In einem Dialogfeld bewegen Sie sich mit den Pfeiltasten zwischen den Optionen in einer geöffneten Dropdown-Liste oder zwischen den Optionen in einer Gruppe von Optionen.
	▪ Pfeiltaste nach unten oder Alt+Abwärts öffnet eine ausgewählte Dropdown-Liste.
Rücktaste	▪ Löscht in der Formelleiste ein Zeichen nach links.
	▪ Löscht den Inhalt der aktiven Zelle.
	▪ Im Zellenbearbeitungsmodus wird das Zeichen links von der Einfügemarke gelöscht.
Löschen	▪ Entfernt den Zellinhalt (Daten und Formeln) aus ausgewählten Zellen, ohne Zellformate, Kommentare oder Notizen zu beeinträchtigen.
	▪ Im Zellenbearbeitungsmodus wird das Zeichen rechts von der Einfügemarke gelöscht.
Ende	▪ Ende schaltet den Endemodus ein oder aus. Im Endmodus können Sie eine Pfeiltaste drücken, um zur

Schlüssel	Beschreibung
	nächsten nicht leeren Zelle in derselben Spalte oder Zeile wie die aktive Zelle zu gelangen. Der Endmodus wird nach dem Drücken der Pfeiltaste automatisch ausgeschaltet. Achten Sie darauf, dass Sie erneut auf Ende drücken, bevor Sie die nächste Pfeiltaste drücken. Der Beenden-Modus wird in der Statusleiste angezeigt, wenn er aktiviert ist. ■ Wenn die Zellen leer sind, wird durch Drücken von Ende gefolgt von einer Pfeiltaste die letzte Zelle in der Zeile oder Spalte erreicht. ■ Mit Ende wird auch der letzte Befehl im Menü ausgewählt, wenn ein Menü oder Untermenü sichtbar ist. ■ Strg+Ende bewegt sich zur letzten Zelle eines Arbeitsblatts, zur untersten verwendeten Zeile der ganz rechts verwendeten Spalte. Wenn sich der Cursor in der Formelleiste befindet, bewegt Strg+Ende den Cursor an das Ende des Textes. ■ Strg+Umschalt+Ende erweitert die Auswahl der Zellen bis zur zuletzt verwendeten Zelle auf dem Arbeitsblatt (rechte untere Ecke). Wenn sich der Cursor in der Formelleiste befindet, wählt Strg+Umschalt+Ende den gesamten Text in der Formelleiste von der Cursorposition bis zum Ende aus - dies hat keinen Einfluss auf die Höhe der Formelleiste.
Eingabe	■ Schließt eine Zelleingabe aus der Zelle oder der Formelleiste ab und wählt die darunter liegende Zelle aus (standardmäßig). ■ In einem Datenformular springt es in das erste Feld des nächsten Datensatzes. ■ Öffnet ein ausgewähltes Menü (drücken Sie F10, um die Menüleiste zu aktivieren) oder führt die Aktion für einen ausgewählten Befehl aus. ■ In einem Dialogfeld führt sie die Aktion für die Standard-Befehlsschaltfläche im Dialogfeld aus (die Schaltfläche mit dem fetten Umriss, oft die Schaltfläche **OK**).

Schlüssel	Beschreibung
	▪ Mit Alt+Eingabe wird eine neue Zeile in derselben Zelle begonnen. ▪ Strg+Eingabe füllt den ausgewählten Zellbereich mit dem aktuellen Eintrag. ▪ Umschalt+Eingabe schließt eine Zelleingabe ab und wählt die darüber liegende Zelle aus.
Esc	▪ Bricht eine Eingabe in der Zelle oder der Formelleiste ab. ▪ Schließt ein geöffnetes Menü oder Untermenü, Dialogfeld oder Meldungsfenster.
Startseite	▪ Springt zum Anfang einer Zeile in einem Arbeitsblatt. ▪ Wechselt zu der Zelle in der oberen linken Ecke des Fensters, wenn die Bildlaufsperre aktiviert ist. ▪ Wählt den ersten Befehl des Menüs aus, wenn ein Menü oder Untermenü sichtbar ist. ▪ Mit der Tastenkombination Strg+Start gelangen Sie an den Anfang eines Arbeitsblatts. ▪ Mit der Tastenkombination Strg+Umschalt+Start wird die Auswahl der Zellen auf den Anfang des Arbeitsblatts erweitert.
Seite runter	▪ Verschiebt ein Bild in einem Arbeitsblatt um eine Stelle nach unten. ▪ Mit der Tastenkombination Alt+Bildschirm nach unten bewegen Sie sich in einem Arbeitsblatt einen Bildschirm nach rechts. ▪ Mit der Tastenkombination Strg+Rückwärts blättern Sie zum nächsten Blatt in einer Arbeitsmappe. ▪ Mit der Tastenkombination Strg+Umschalt+Bildschirm nach unten wird das aktuelle und das nächste Blatt in einer Arbeitsmappe ausgewählt.

Schlüssel	Beschreibung
Seite oben	• Verschiebt das Arbeitsblatt um einen Bildschirm nach oben. • Mit der Tastenkombination Alt+Bildschirm nach oben bewegen Sie sich in einem Arbeitsblatt einen Bildschirm nach links. • Mit der Tastenkombination Strg+Bild nach oben wechseln Sie zum vorherigen Blatt in einer Arbeitsmappe. • Mit der Tastenkombination Strg+Umschalt+Seite nach oben wird das aktuelle und das vorherige Blatt in einer Arbeitsmappe ausgewählt.
Schicht	• Halten Sie die Umschalttaste gedrückt, während Sie eine markierte Zeile, Spalte oder markierte Zellen ziehen, um die markierten Zellen zu verschieben, und lassen Sie sie fallen, um sie an einer neuen Stelle einzufügen.
Leertaste	• Führt in einem Dialogfeld die Aktion für die ausgewählte Schaltfläche aus oder aktiviert oder deaktiviert ein Kontrollkästchen. • Mit der Tastenkombination Strg+Leertaste wird eine ganze Spalte in einem Arbeitsblatt ausgewählt. • Mit der Tastenkombination Umschalt+Leertaste wird eine ganze Zeile in einem Arbeitsblatt ausgewählt. • Mit der Tastenkombination Strg+Umschalt+Leertaste wird das gesamte Arbeitsblatt ausgewählt. • Wenn das Arbeitsblatt Daten enthält, wird mit Strg+Umschalt+Leertaste der aktuelle Bereich ausgewählt. Wenn Sie die Tastenkombination Strg+Umschalt+Leertaste ein zweites Mal drücken, werden der aktuelle Bereich und die zugehörigen Zeilen ausgewählt. Wenn Sie Strg+Umschalt+Leertaste ein drittes Mal drücken, wird das gesamte Arbeitsblatt ausgewählt.

Schlüssel	Beschreibung
	▪ Wenn ein Objekt ausgewählt ist, werden mit Strg+Umschalt+Leertaste alle Objekte auf einem Arbeitsblatt ausgewählt. ▪ Mit der Tastenkombination Alt+Leertaste wird das Steuerungsmenü für das Excel-Fenster angezeigt.
Tabulator-Taste	▪ Verschiebt eine Zelle in einem Arbeitsblatt nach rechts. ▪ Bewegt sich zwischen nicht gesperrten Zellen in einem geschützten Arbeitsblatt. ▪ Wechselt zur nächsten Option oder Optionsgruppe in einem Dialogfeld. ▪ Umschalt+Tab wechselt zur vorherigen Zelle in einem Arbeitsblatt oder zur vorherigen Option in einem Dialogfeld. ▪ Strg+Tab wechselt zur nächsten Registerkarte in einem Dialogfeld oder (wenn kein Dialogfeld geöffnet ist) wechselt zwischen zwei Excel-Fenstern. ▪ Strg+Umschalt+Tab wechselt zur vorherigen Registerkarte in einem Dialogfeld oder (wenn kein Dialogfeld geöffnet ist) wechselt zwischen allen Excel-Fenstern.

Tastaturkürzel in Excel für macOS

Häufig verwendete Abkürzungen

Zu diesem Zweck	Presse
Auswahl einfügen.	⌘+V oder Steuerung+V
Auswahl kopieren.	⌘+C oder Steuerung+C
Auswahl löschen.	Löschen
Arbeitsmappe speichern.	⌘+S oder Steuerung+S
Aktion rückgängig machen.	⌘+Z oder Steuerung+Z
Aktion wiederholen.	⌘+Y oder Steuerung+Y oder ⌘+Umschalt+Z

Zu diesem Zweck	Presse
Auswahl schneiden.	⌘+X oder Steuerung+X oder Umschalt+⌦
Fettformatierung anwenden.	⌘+B oder Steuerung+B
Arbeitsmappe drucken.	⌘+P oder Steuerung+P
Öffnen Sie Visual Basic.	Option+F11
Füllen Sie Zellen nach unten.	⌘+D oder Steuerung+D
Zellen richtig ausfüllen.	⌘+R oder Steuerung+R
Zellen einfügen.	Strg+Umschalt+Gleichheitszeichen (=)
Zellen löschen.	⌘+Bindestrich (-) oder Steuerung+Bindestrich (-)
Berechnen Sie alle geöffneten Arbeitsmappen.	⌘+Gleichheitszeichen (=) oder F9
Fenster schließen.	⌘+W oder Steuerung+W

Zu diesem Zweck	Presse
Beenden Sie Excel.	⌘+Q
Zeigen Sie das Dialogfeld **Gehe zu** an.	Steuerung+G oder F5
Rufen Sie das Dialogfeld **Zellen formatieren** auf.	⌘+1 oder Kontrolle+1
Zeigen Sie das Dialogfeld **Ersetzen** an.	Steuerung+H oder ⌘+Umschalt+H
Verwenden Sie **Einfügen Spezial**.	⌘+Steuerung+V oder Steuerung+Option+V oder ⌘+Option+V
Unterstreichen Sie die Formatierung.	⌘+U
Kursive Formatierung anwenden.	⌘+I oder Steuerung+I
Öffnen Sie eine neue leere Arbeitsmappe.	⌘+N oder Steuerung+N
Erstellen Sie eine neue Arbeitsmappe aus einer Vorlage.	⌘+Umschalt+P
Rufen Sie das Dialogfeld **Speichern unter** auf.	⌘+Umschalt+S oder F12

Zu diesem Zweck	Presse
Zeigen Sie das Hilfefenster an.	F1 oder ⌘+Vorwärts-Schrägstrich (/)
Alles auswählen.	⌘+A oder ⌘+Umschalt+Leertaste
Einen Filter hinzufügen oder entfernen.	⌘+Umschalt+F oder Steuerung+Umschalt+L
Minimieren oder maximieren Sie die Registerkarten der Multifunktionsleiste.	⌘+Option+R
Zeigen Sie das Dialogfeld **Öffnen** an.	⌘+O oder Steuerung+O
Rechtschreibung prüfen.	F7
Öffnen Sie den Thesaurus.	Umschalt+F7
Zeigen Sie den **Formel-Editor** an.	Umschalt+F3
Öffnen Sie das Dialogfeld **Name definieren**.	⌘+F3
Einfügen oder Beantworten eines Kommentars im Thread.	⌘+Rückkehr
Öffnen Sie das Dialogfeld **Namen erstellen**.	⌘+Umschalt+F3
Fügen Sie ein neues Blatt ein. *	Umschalt+F11
Druckvorschau.	⌘+P oder Steuerung+P

Arbeiten in Fenstern und Dialogfeldern

Zu diesem Zweck	Presse
Erweitern oder minimieren Sie die Multifunktionsleiste.	⌘+Option+R
Wechseln Sie zur Vollbildansicht.	⌘+Steuerung+F
Wechseln Sie zur nächsten Anwendung.	⌘+Tab
Wechseln Sie zur vorherigen Anwendung.	Umschalttaste+⌘+Tab
Schließen Sie das aktive Arbeitsmappenfenster.	⌘+W
Machen Sie einen Screenshot und speichern Sie ihn auf Ihrem Desktop.	Umschalttaste+⌘+3
Minimieren Sie das aktive Fenster.	Steuerung+F9
Maximieren oder Wiederherstellen des aktiven Fensters.	Steuerung+F10 oder ⌘+F10
Excel ausblenden.	⌘+H
Wechseln Sie zum nächsten Feld, zur nächsten Option, zum nächsten Steuerelement oder zum nächsten Befehl.	Tabulator-Taste
Wechseln Sie zum vorherigen Feld, zur vorherigen Option, zum vorherigen Steuerelement oder zum vorherigen Befehl.	Umschalttaste+Tab
Beenden Sie ein Dialogfeld oder brechen Sie eine Aktion ab.	Esc
Führen Sie die Aktion aus, die der Standardschaltfläche zugewiesen ist (die Schaltfläche mit dem fetten Umriss).	Rückkehr

Zu diesem Zweck	Presse
Brechen Sie den Befehl ab und schließen Sie das Dialogfeld oder Menü.	Esc

Verschieben und Blättern in einem Blatt oder einer Arbeitsmappe

Zu diesem Zweck	Presse
Bewegen Sie eine Zelle nach oben, unten, links oder rechts.	Pfeiltasten
Bewegt sich an den Rand des aktuellen Datenbereichs.	⌘+Pfeiltaste
Gehen Sie an den Anfang der Reihe.	Start Auf einem MacBook, Fn+Pfeiltaste links
Gehen Sie an den Anfang des Blattes.	Steuerung+Start Auf einem MacBook, Steuerung+Fn+Pfeiltaste links
Wechseln Sie zur letzten verwendeten Zelle auf dem Blatt.	Steuerung+Ende Auf einem MacBook, Steuerung+Fn+Pfeiltaste rechts
Gehen Sie einen Bildschirm nach unten.	Nach unten blättern Auf einem MacBook, Fn+Pfeiltaste nach unten
Gehen Sie einen Bildschirm nach oben.	Nach oben blättern Auf einem MacBook, Fn+Pfeiltaste nach oben
Bewegen Sie sich einen Bildschirm nach rechts.	Option+Bildschirm nach unten Auf einem MacBook, Fn+Option+Pfeiltaste nach unten

Zu diesem Zweck	Presse
Bewegen Sie sich einen Bildschirm nach links.	Option+Bildschirm nach oben Auf einem MacBook, Fn+Option+Pfeiltaste nach oben
Wechseln Sie zum nächsten Blatt in der Arbeitsmappe.	Steuerung+Bildschirm nach unten oder Option+Pfeiltaste nach rechts
Wechseln Sie zum vorherigen Blatt in der Arbeitsmappe.	Steuerung+Bildschirm nach unten oder Option+Pfeiltaste nach links
Blättern Sie, um die aktive Zelle anzuzeigen.	Steuerung+Löschen
Zeigen Sie das Dialogfeld **Gehe zu** an.	Steuerung+G
Zeigen Sie das Dialogfeld **Suchen** an.	Steuerung+F oder Umschalt+F5
Zugriff auf die Suche (in einer Zelle oder wenn eine Zelle ausgewählt ist).	⌘+F
Verschieben zwischen nicht gesperrten Zellen auf einem geschützten Blatt.	Tabulator-Taste
Horizontal blättern.	Umschalttaste, dann mit dem Mausrad nach oben für links, nach unten für rechts scrollen

Daten auf einem Blatt eingeben

Zu diesem Zweck	Presse
Bearbeiten Sie die ausgewählte Zelle.	F2

Zu diesem Zweck	Presse
Vervollständigen Sie einen Zelleneintrag und gehen Sie in der Auswahl weiter.	Rückkehr
Beginnen Sie eine neue Zeile in der gleichen Zelle.	Option+Zurück oder Steuerung+Option+Zurück
Füllen Sie den ausgewählten Zellbereich mit dem von Ihnen eingegebenen Text.	⌘+Return oder Steuerung+Return
Vervollständigen Sie einen Zelleneintrag und gehen Sie in der Auswahl nach oben.	Umschalt+Return
Vervollständigen Sie einen Zelleneintrag und bewegen Sie sich in der Auswahl nach rechts.	Tabulator-Taste
Vervollständigen Sie einen Zelleneintrag und bewegen Sie sich in der Auswahl nach links.	Umschalttaste+Tab
Eine Zelleingabe abbrechen.	Esc
Löschen Sie das Zeichen links von der Einfügemarke oder löschen Sie die Auswahl.	Löschen
Löschen Sie das Zeichen rechts von der Einfügemarke oder löschen Sie die Auswahl. **Hinweis:** Einige kleinere Tastaturen verfügen nicht über diese Taste.	⌦ Auf einem MacBook: Fn+Entfernen
Text bis zum Ende der Zeile löschen. **Hinweis:** Einige kleinere Tastaturen verfügen nicht über diese Taste.	Steuerung+⌦ Auf einem MacBook: Strg+Fn+Entfernen
Bewegen Sie ein Zeichen nach oben, unten, links oder rechts.	Pfeiltasten

Zu diesem Zweck	Presse
Gehen Sie zum Anfang der Zeile.	Start Auf einem MacBook, Fn+Pfeiltaste links
Fügen Sie eine Notiz ein.	Umschalt+F2
Öffnen und bearbeiten Sie eine Zellennotiz.	Umschalt+F2
Fügen Sie einen Kommentar in ein Thema ein.	⌘+Umschalt+F2
Öffnen und beantworten Sie einen Kommentar im Thread.	⌘+Umschalt+F2
Füllung Daunen.	Steuerung+D oder ⌘+D
Füllen Sie nach rechts.	Steuerung+R oder ⌘+R
Rufen Sie Flash Fill auf, um automatisch Muster in benachbarten Spalten zu erkennen und die aktuelle Spalte zu füllen.	Steuerung+E
Definieren Sie einen Namen.	Steuerung+L

Arbeiten in Zellen oder in der Formelleiste

Zu diesem Zweck	Presse
Aktivieren oder deaktivieren Sie Tooltips zur Überprüfung von Formeln direkt in der Formelleiste.	Steuerung+Option+P

Zu diesem Zweck	Presse
Bearbeiten Sie die ausgewählte Zelle.	F2
Erweitern oder reduzieren Sie die Formelleiste.	Steuerung+Umschalt+U
Bearbeiten Sie die aktive Zelle und löschen Sie sie dann oder löschen Sie das vorangehende Zeichen in der aktiven Zelle, während Sie den Zellinhalt bearbeiten.	Löschen
Vervollständigen Sie einen Zelleneintrag.	Rückkehr
Geben Sie eine Formel als Array-Formel ein.	Umschalt+⌘+Zurück oder Steuerung+Umschalt+Return
Eine Eingabe in der Zelle oder der Formelleiste abbrechen.	Esc
Anzeige des **Formel-Editors**, nachdem Sie einen gültigen Funktionsnamen in eine Formel eingegeben haben	Steuerung+A
Einen Hyperlink einfügen.	⌘+K oder Steuerung+K
Bearbeiten Sie die aktive Zelle und positionieren Sie die Einfügemarke am Ende der Zeile.	Steuerung+U
Öffnen Sie den **Formel-Editor**.	Umschalt+F3
Berechnen Sie das aktive Blatt.	Umschalt+F9
Zeigen Sie das Kontextmenü an.	Umschalttaste+F10
Starten Sie eine Formel.	Gleichheitszeichen (=)

Zu diesem Zweck	Presse
Schaltet den Formelreferenzstil zwischen absolut, relativ und gemischt um.	⌘+T oder F4
Fügen Sie die AutoSum-Formel ein.	Umschalttaste+⌘+T
Geben Sie das Datum ein.	Steuerung+Semikolon (;)
Geben Sie die Uhrzeit ein.	⌘+Semikolon (;)
Kopieren Sie den Wert aus der Zelle über der aktiven Zelle in die Zelle oder die Formelleiste.	Strg+Umschalt+Zollzeichen/gerade Anführungszeichen (")
Wechseln Sie zwischen der Anzeige von Zellwerten und der Anzeige von Zellformeln.	Steuerung+Gravur-Akzent (`)
Kopieren Sie eine Formel aus der Zelle über der aktiven Zelle in die Zelle oder die Formelleiste.	Steuerung+Apostroph (')
Zeigt die AutoVervollständigen-Liste an.	Option+Pfeiltaste nach unten
Definieren Sie einen Namen.	Steuerung+L
Öffnen Sie den Bereich **Smart Lookup**.	Steuerung+Option+⌘+L
Berechnen Sie alle Arbeitsblätter in allen geöffneten Arbeitsmappen.	Steuerung+Option+F9
Überprüfen Sie abhängige Formeln und berechnen Sie dann alle Zellen in allen geöffneten Arbeitsmappen.	Steuerung+Option+Umschalt+F9

Daten formatieren und bearbeiten

Zu diesem Zweck	Presse
Bearbeiten Sie die ausgewählte Zelle.	F2
Erstellen Sie eine Tabelle.	⌘+T oder Steuerung+T
Einfügen eines Zeilenumbruchs in eine Zelle.	⌘+Option+Zurück oder Steuerung+Option+Return
Sonderzeichen wie Symbole, einschließlich Emoji, einfügen.	Steuerung+⌘+Leertaste
Schriftgröße erhöhen.	Umschalttaste+⌘+Rechteckige Klammer (>)
Verringern Sie die Schriftgröße.	Umschalttaste+⌘+Linke spitze Klammer (<)
Zentriert ausrichten.	⌘+E
Links ausrichten.	⌘+L
Rufen Sie das Dialogfeld **Zellenformat ändern** auf.	Umschalttaste+⌘+L
Rufen Sie das Dialogfeld **Zellen formatieren** auf.	⌘+1
Wenden Sie das allgemeine Zahlenformat an.	Steuerung+Umschalt+Tilde (~)
Wenden Sie das Währungsformat mit zwei Dezimalstellen an (negative Zahlen erscheinen in rot mit Klammern).	Strg+Umschalt+Dollarzeichen (€)

Zu diesem Zweck	Presse
Wenden Sie das Prozentformat ohne Dezimalstellen an.	Steuerung+Umschalttaste+Prozentzeichen (%)
Wenden Sie das Format der Exponentialzahlen mit zwei Nachkommastellen an.	Steuerung+Umschalt+Kreuz (^)
Wenden Sie das Datumsformat mit Tag, Monat und Jahr an.	Strg+Umschalt+Zahlenzeichen (#)
Wenden Sie das Zeitformat mit Stunde und Minute an, und geben Sie AM oder PM an.	Strg+Umschalt+At-Symbol (@)
Verwenden Sie das Zahlenformat mit zwei Dezimalstellen, Tausendertrennzeichen und Minuszeichen (-) für negative Werte.	Strg+Umschalt+Ausrufezeichen (!)
Legen Sie den Umrissrahmen um die ausgewählten Zellen.	⌘+Option+Null (0)
Fügen Sie einen Umrissrahmen rechts von der Auswahl hinzu.	⌘+Option+Pfeiltaste rechts
Fügen Sie links von der Auswahl einen Umrissrahmen hinzu.	⌘+Option+linke Pfeiltaste
Fügen Sie einen Umrissrahmen am oberen Rand der Auswahl hinzu.	⌘+Option+Pfeiltaste nach oben
Fügen Sie am unteren Rand der Auswahl einen Umrissrahmen hinzu.	⌘+Option+Pfeiltaste nach unten
Entfernen Sie die Umrisslinien.	⌘+Option+Hyphen
Fettformatierung anwenden oder entfernen.	⌘+B

Zu diesem Zweck	Presse
Kursive Formatierung anwenden oder entfernen.	⌘+I
Formatierung der Unterstreichung anwenden oder entfernen.	⌘+U
Durchgestrichene Formatierung anwenden oder entfernen.	Umschalttaste+⌘+X
Eine Spalte ausblenden.	⌘+Rechte Klammer ()) oder Steuerung+Rechte Klammer ())
Eine Spalte einblenden.	Umschalt+⌘+Rechte Klammer ()) oder Steuerung+Umschalt+Rechte Klammer ())
Eine Zeile ausblenden.	⌘+linke Klammer (() oder Steuerung+linke Klammer (()
Eine Zeile einblenden.	Umschalttaste+⌘+linke Klammer (() oder Steuerung+Umschalt+linke Klammer (()
Bearbeiten Sie die aktive Zelle.	Steuerung+U
Eine Eingabe in der Zelle oder in der Formelleiste abbrechen.	Esc
Bearbeiten Sie die aktive Zelle und löschen Sie sie dann oder löschen Sie das vorangehende Zeichen in der aktiven Zelle, während Sie den Zellinhalt bearbeiten.	Löschen
Text in die aktive Zelle einfügen.	⌘+V

Zu diesem Zweck	Presse
Eingabe einer Zelle vervollständigen	Rückkehr
Markierte Zellen mit dem Eintrag der aktuellen Zelle versehen.	⌘+Return oder Steuerung+Return
Geben Sie eine Formel als Array-Formel ein.	Umschalt+⌘+Return oder Steuerung+Umschalt+Return
Zeigen Sie den **Formel-Editor** an, nachdem Sie einen gültigen Funktionsnamen in eine Formel eingegeben haben.	Steuerung+A

Zellen, Spalten oder Zeilen auswählen

Zu diesem Zweck	Presse
Erweitern Sie die Auswahl um eine Zelle.	Umschalttaste+Pfeiltaste
Erweitern Sie die Auswahl auf die letzte nicht leere Zelle in derselben Spalte oder Zeile wie die aktive Zelle.	Umschalttaste+⌘+Pfeiltaste
Erweitern Sie die Auswahl bis zum Anfang der Zeile.	Umschalt+Start Auf einem MacBook, Umschalt+Fn+Pfeiltaste links
Erweitern Sie die Auswahl bis zum Anfang des Blattes.	Strg+Umschalt+Start Auf einem MacBook, Strg+Umschalt+Fn+Pfeiltaste links
Erweitern Sie die Auswahl bis zur letzten auf dem Blatt verwendeten Zelle (untere rechte Ecke).	Strg+Umschalt+Ende Auf einem MacBook: Strg+Umschalt+Fn+Pfeiltaste nach rechts

Zu diesem Zweck	Presse
Wählen Sie die gesamte Spalte aus. *	Steuerung+Leertaste
Markieren Sie die gesamte Zeile.	Umschalttaste+Leertaste
Wählen Sie den aktuellen Bereich oder das gesamte Blatt aus. Drücken Sie mehr als einmal, um die Auswahl zu erweitern.	⌘+A
Nur sichtbare Zellen auswählen.	Umschalttaste+⌘+Sternchen (*)
Wählen Sie nur die aktive Zelle aus, wenn mehrere Zellen ausgewählt sind.	Umschalt+Entf (nicht die Vorwärtsentfernungstaste ⌦ auf Volltastaturen)
Erweitern Sie die Auswahl um ein Bild nach unten.	Umschalttaste+Seite nach unten Auf einem MacBook: Umschalttaste+Fn+Pfeiltaste nach unten
Erweitern Sie die Auswahl um einen Bildschirm nach oben	Umschalttaste+Bildschirm nach oben Auf einem MacBook: Umschalttaste+Fn+Pfeiltaste nach oben
Wechseln Sie zwischen dem Ausblenden von Objekten, der Anzeige von Objekten und der Anzeige von Platzhaltern für Objekte.	Kontrolle+6
Schalten Sie die Möglichkeit ein, eine Auswahl mit Hilfe der Pfeiltasten zu erweitern .	F8
Fügen Sie der Auswahl einen weiteren Zellbereich hinzu.	Umschalttaste+F8

Zu diesem Zweck	Presse
Wählen Sie das aktuelle Feld aus, d. h. das Feld, zu dem die aktive Zelle gehört.	Steuerung+Vorwärtsschrägstrich (/)
Markieren Sie Zellen in einer Zeile, die nicht mit dem Wert der aktiven Zelle in dieser Zeile übereinstimmen. Sie müssen die Zeile auswählen, die mit der aktiven Zelle beginnt.	Steuerung+Schrägstrich nach hinten (\)
Wählen Sie nur Zellen aus, auf die sich die Formeln in der Auswahl direkt beziehen.	Strg+Umschalt+linke Klammer ([)
Markieren Sie alle Zellen, auf die sich die Formeln in der Auswahl direkt oder indirekt beziehen.	Strg+Umschalt+linke Klammer ({)
Wählen Sie nur Zellen mit Formeln aus, die sich direkt auf die aktive Zelle beziehen.	Steuerung+Rechte Klammer (])
Markieren Sie alle Zellen mit Formeln, die sich direkt oder indirekt auf die aktive Zelle beziehen.	Strg+Umschalt+Rechte Klammer (})

Arbeiten Sie mit einer Auswahl

Zu diesem Zweck	Presse
Kopieren Sie eine Auswahl.	⌘+C oder Steuerung+V
Einfügen einer Auswahl.	⌘+V oder Steuerung+V

Zu diesem Zweck	Presse
Schneiden Sie eine Auswahl aus.	⌘+X oder Steuerung+X
Eine Auswahl löschen.	Löschen
Löschen Sie die Auswahl.	Kontrolle+Hyphen
Die letzte Aktion rückgängig machen.	⌘+Z
Eine Spalte ausblenden.	⌘+Rechte Klammer ()) oder Steuerung+Rechte Klammer ())
Eine Spalte einblenden.	⌘+Umschalt+Rechte Klammer ()) oder Steuerung+Umschalt+Rechte Klammer ())
Eine Zeile ausblenden.	⌘+linke Klammer (() oder Steuerung+linke Klammer (()
Eine Zeile einblenden.	⌘+Umschalt+linke Klammer (() oder Steuerung+Umschalt+linke Klammer (()
Markierte Zeilen, Spalten oder Zellen verschieben.	Halten Sie die Umschalttaste gedrückt, während Sie eine markierte Zeile, Spalte oder markierte Zellen ziehen, um die markierten Zellen zu verschieben, und lassen Sie sie fallen, um sie an einer neuen Stelle einzufügen. Wenn Sie beim Ziehen und Ablegen die Umschalttaste nicht gedrückt halten, werden die ausgewählten Zellen an der ursprünglichen

Zu diesem Zweck	Presse
	Position ausgeschnitten und an der neuen Position eingefügt (nicht eingefügt).
Bewegen Sie sich innerhalb der Auswahl von oben nach unten (abwärts). *	Rückkehr
Bewegen Sie sich innerhalb der Auswahl von unten nach oben (aufwärts). *	Umschalt+Return
Bewegen Sie sich innerhalb der Auswahl von links nach rechts, oder bewegen Sie sich eine Zelle nach unten, wenn nur eine Spalte ausgewählt ist.	Tabulator-Taste
Bewegen Sie sich innerhalb der Auswahl von rechts nach links, oder bewegen Sie sich eine Zelle nach oben, wenn nur eine Spalte ausgewählt ist.	Umschalttaste+Tab
Bewegen Sie sich im Uhrzeigersinn zur nächsten Ecke der Auswahl.	Steuerung+Periode (.)
Markierte Zellen gruppieren.	⌘+Umschalt+K
Gruppierung ausgewählter Zellen aufheben.	⌘+Umschalt+J

Diagramme verwenden

Zu diesem Zweck	Presse
Fügen Sie ein neues Tabellenblatt ein. *	F11

Zu diesem Zweck	Presse
Durchlaufen Sie die Auswahl der Diagrammobjekte.	Pfeiltasten

Sortieren, Filtern und Verwenden von PivotTable-Berichten

Zu diesem Zweck	Presse
Öffnen Sie das Dialogfeld **Sortieren**.	⌘+Umschalt+R
Einen Filter hinzufügen oder entfernen.	⌘+Umschalt+F oder Steuerung+Umschalt+L
Das Popup-Menü Filterliste oder PivotTable-Seitenfeld für die ausgewählte Zelle anzeigen .	Option+Pfeiltaste nach unten

Übersichtsdaten

Zu diesem Zweck	Presse
Umrißsymbole anzeigen oder ausblenden.	Kontrolle+8
Ausgewählte Zeilen ausblenden.	Kontrolle+9
Ausgewählte Zeilen einblenden.	Strg+Umschalt+linke Klammer (()
Ausgewählte Spalten ausblenden.	Steuerung+Null (0)
Ausgewählte Spalten einblenden.	Strg+Umschalt+Rechte Klammer ())

Funktionstastenkombinationen verwenden

Zu diesem Zweck	Presse
Zeigen Sie das Hilfefenster an.	F1
Bearbeiten Sie die ausgewählte Zelle.	F2
Fügen Sie eine Notiz ein oder öffnen und bearbeiten Sie eine Zellnotiz.	Umschalt+F2
Fügen Sie einen Kommentar zu einem Thema ein oder öffnen Sie einen Kommentar zu einem Thema und antworten Sie darauf.	⌘+Umschalt+F2
Öffnen Sie das Dialogfeld **Speichern**.	Option+F2
Öffnen Sie den **Formel-Editor**.	Umschalt+F3
Öffnen Sie das Dialogfeld **Name definieren**.	⌘+F3
Schließen Sie ein Fenster oder ein Dialogfeld.	⌘+F4
Zeigen Sie das Dialogfeld **Gehe zu** an.	F5
Zeigen Sie das Dialogfeld **Suchen** an.	Umschalt+F5
Wechseln Sie zum Dialogfeld **Blatt suchen**.	Steuerung+F5
Wechseln Sie den Fokus zwischen Arbeitsblatt, Multifunktionsleiste, Aufgabenbereich und Statusleiste.	F6 oder Umschalt+F6
Rechtschreibung prüfen.	F7
Öffnen Sie den Thesaurus.	Umschalt+F7 oder Steuerung+Option +⌘+R

Zu diesem Zweck	Presse
Erweitern Sie die Auswahl.	F8
Zur Auswahl hinzufügen.	Umschalt+F8
Zeigen Sie das Dialogfeld **Makro** an.	Option+F8
Berechnen Sie alle geöffneten Arbeitsmappen.	F9
Berechnen Sie das aktive Blatt.	Umschalt+F9
Minimieren Sie das aktive Fenster.	Steuerung+F9
Zeigen Sie das Kontextmenü oder das Menü "Rechtsklick" an.	Umschalttaste+F10
Zeigen Sie ein Popup-Menü an (im Menü der Objektschaltflächen), z. B. durch Klicken auf die Schaltfläche nach dem Einfügen in ein Blatt.	Wahl+Umschalt+F10
Maximieren oder Wiederherstellen des aktiven Fensters.	Steuerung+F10 oder ⌘+F10
Fügen Sie ein neues Tabellenblatt ein.	F11
Fügen Sie ein neues Blatt ein.	Umschalt+F11
Fügen Sie ein Excel 4.0 Makroblatt ein.	⌘+F11
Öffnen Sie **Visual Basic**.	Option+F11
Rufen Sie das Dialogfeld **Speichern unter** auf.	F12
Zeigen Sie das Dialogfeld **Öffnen** an.	⌘+F12

Zu diesem Zweck	Presse
Öffnen Sie den **Power Query Editor**	Option+F12

Zeichnung

Zu diesem Zweck	Presse
Schaltet den Zeichnungsmodus ein und aus.	⌘+Steuerung+Z

Vielen Dank für Ihren Kauf!

Ihre Boni:

400+ Excel-Vorlagen: Steigern Sie die Effizienz mit gebrauchsfertigen Layouts.
50 hochwertige Excel-Dashboards: Vollständig bearbeitbar in verschiedenen Kategorien.

Wesentliche Ebooks:

Tastaturkürzel in Excel für Windows und macOS: Ein umfassendes eBook
Excel-Glossar: Ein umfassendes eBook
500 Excel-Formeln: Ihr unverzichtbarer Leitfaden für Formelkenntnisse.

Setzen Sie Ihre gute Arbeit fort!

Ihr Lehrer,
Taylor

Printed in Poland
by Amazon Fulfillment
Poland Sp. z o.o., Wrocław

52123213R00120